Mosaik
bei GOLDMANN

Buch

Mißverständnisse zwischen Eltern und Kindern geschehen täglich. Meist sind es harmlose Ausgangssituationen: Ein Signal wird gegeben, eine Forderung gestellt, doch dann klappt offenbar etwas mit der Kommunikation nicht mehr. Aus dem kleinen Mißverständnis wird plötzlich ein Streit, er schaukelt sich auf zur Nervenzerreißprobe und schließlich fließen Tränen. Katharina Zimmer beschreibt diese alltäglichen kleinen und größeren Familiendramen in einfühlsamer Weise und zeigt vor allem, wie solche Mißverständnisse vermieden werden. Erwachsene können lernen, die Signale der Kinder richtig zu verstehen und selbst klare Botschaften auszusenden. So finden Kinder und Eltern zu mehr Verständnis füreinander sowie zu einem positiven Umgang miteinander.

Autorin

Katharina Zimmer, langjährige Mitarbeiterin der Wochenzeitung »Die Zeit«, lebt als freie Journalistin in Südfrankreich. 1990 erhielt sie von der Deutschen Gesellschaft für Psychologie den Preis für Wissenschaftspublizistik.

Im Goldmann Verlag sind von der Autorin außerdem erschienen:

Wenn Eltern laufen lernen (16159)
Schlaflos (14125)
Wer sind unsere Kinder? (12690)
Was mein Baby sagen will (16207)

KATHARINA ZIMMER

Versteh mich doch bitte!

Wie Kinder und Erwachsene zu mehr Verständnis füreinander finden

Mosaik
bei GOLDMANN

Dieser Band ist bereits als Goldmann Taschenbuch Nr. 12726 erschienen.

Umwelthinweis:
Alle bedruckten Materialien dieses Taschenbuches
sind chlorfrei und umweltschonend.

Vollständige Taschenbuchausgabe März 2000
Wilhelm Goldmann Verlag, München,
in der Verlagsgruppe Bertelsmann GmbH

Umschlaggestaltung: Design Team München
unter Verwendung folgender Fotos:
Umschlag: Bavaria/TCL
Umschlaginnenseiten: Premium, P. Gueritot
Druck: Elsnerdruck, Berlin
Verlagsnummer: 16243
Kö · Herstellung: Max Widmaier
Made in Germany
ISBN 3-442-16243-2

1 3 5 7 9 10 8 6 4 2

Für Caroline und Mirjam

Inhalt

Einführung

Wer hat sich nicht schon einmal gewünscht, daß plötzlich alle Mißverständnisse aus seinem Leben verschwinden? Oder wenigstens das eine oder andere, besonders belastende, dem man mit nichts beizukommen scheint. Toleranz, Offenheit und auch Liebe reichen oft nicht aus. Wir finden uns am Fuß einer Mauer, die eigentlich niemand aufgerichtet hat.

Aussichtslos, sie zu überwinden. Denken wir. Und dann passiert es eines Tages, daß wir wie durch Zufall entdecken, die Mauer ist zwar hoch und dick, aber keineswegs so lang, wie wir glaubten. Man kann, siehe da, einfach drum herum gehen. Ein kleiner Umweg. Merkwürdig, daß wir ihn vorher nicht bemerkt haben.

Mißverständnisse zwischen Erwachsenen und Kindern, vor allem Eltern und Kindern, sind besonders quälend. Daß sie alltäglich und in einem gewissen Maße sogar unvermeidbar sind, macht es nicht leichter. Nicht verwunderlich, denn starke Gefühle sind hier im Spiel – Liebe, Angst und Schuldbewußtsein. Das Kind leidet in all den scheinbar ausweglosen Verständnisschwierigkeiten wahrscheinlich am meisten, denn es ist buchstäblich auf die Liebe seiner Eltern und die Anerkennung all der anderen Verwandten, Freunde, Kindergärtnerinnen angewiesen – in einer viel existentielleren Weise, als je irgendein Erwachsener Liebe und Anerkennung brauchen wird.

Trotzdem, auch wir, besonders die Eltern, leiden, wenn uns der Zugang zu einem Kind versperrt scheint. Wir machen uns Sorgen und quälen uns mit Selbstvorwürfen, wenn die Folgen eines oder vieler Mißverständnisse in besorgniserregenden Verhaltensweisen eines kleinen Mädchens oder Jungen offensichtlich werden. Wir sollen nicht so schnell aufgeben. Mit der übereilten Erklärung: »Das verstehst du noch nicht!« schneiden wir uns selber den Weg ab.

Kinder, gleichgültig welcher Altersstufe, verstehen, wie die französische Psychoanalytikerin und Kinderärztin Françoise Dolto beobachtete, alles, was sie in ihren Beziehungen zu den wichtigen Menschen um sie herum angeht. Man muß nur eine angemessene Sprache finden, sich in seinen kleinen Gesprächspartner einfühlen. Erwachsene sollten deshalb nie vergessen, ein Kind wünscht sich nichts so sehnlich, wie ihre Liebe zu erhalten, das heißt ihnen zu gefallen, ihre Hoffnungen zu erfüllen.

Beide Seiten, der Erwachsene und das Kind, sind also bereit, sich entgegenzukommen, auch auf unbequemen Umwegen. Und mit dieser Bereitschaft, die jeder mit den ihm zur Verfügung stehenden Mitteln zeigt, ist schon die halbe Arbeit getan. Oft wird dann zwar nicht das Mißverständnis ganz und gar beseitigt, die Mißstimmung jedoch kann verschwinden.

Einige Wege, vielleicht auch Umwege, zu zeigen, die man vorher nicht gesehen hat, ist das Anliegen dieses Buchs. Es läßt sich nicht wie ein Katechismus mit Regeln oder gar Rezepten benutzen. Sein Thema ist nach allen Seiten offen. Darum bietet es Denkmodelle und viele Beispiele, die den Leser anregen können, Verständigungsprobleme selber zu bearbeiten und vielleicht zu lösen. Bei vielen, auch zunächst unüberwindlich scheinenden, ist dies, wie sich zeigt, tatsächlich ein »Kinderspiel«.

Jeder wird hier Situationen finden, wie er sie schon mit seinen Kindern oder als Kind seiner eigenen Eltern erlebt hat. Vielleicht werden ihm alte Geschichten plötzlich in einem neuen Licht erscheinen. Vielleicht begreift er gar nicht nur sein Kind, sondern seine eigenen Gefühle und Verhaltensweisen auf einmal besser. »Natürlich, das war es, was mich ein Leben lang so gequält und belastet hat.«

Sich selber besser zu verstehen und zuerst nachsichtig mit sich selber umzugehen, ist sicher eine gute Basis. Sie gibt uns die innere Freiheit, unsere Kinder wirklich zu sehen. In ihrer Besonderheit, ihrer eigenen Individualität und ihrem Bemühen, die Welt und uns zu begreifen. Uns selber endlich »Recht widerfahren zu lassen«, erlaubt uns, den Blick auf das Kind nicht mit Schuldgefühlen, Projektionen und unangemessenen Erwartungen zu verstellen. Niemand von uns hat eine perfekte

Kindheit gehabt (auch wenn wir es gern so sehen möchten), und niemand kann ein perfekter Vater oder eine perfekte Mutter sein. Niemand ein perfekter Kinderpädagoge. Weil jeder seine eigene unverwechselbare Geschichte hat und mancher schwer an ihr schleppt. Und weil diese eigene Vorgeschichte im Zusammenleben mit einem Kind unweigerlich eine neue Aktualität gewinnt.

Vielleicht ist jedoch gerade dieses »Nicht-perfekt-Sein« in seiner Vielfalt und seiner unablässigen Herausforderung die Chance für ein Kind. Es muß ja in eine Welt hineinwachsen, in der ebenfalls nichts glatt, nichts einfach, nichts mühelos, nichts perfekt ist. Unser guter Wille, unsere ganze Aufmerksamkeit und unsere Liebe sind das Beste, was wir ihm geben können. Eben darum müssen wir uns auch mit Sackgassen oder Lähmungen der Kommunikation nicht einfach abfinden.

Fast alle hier zusammengetragenen Beispiele haben eines gemeinsam: Sie zeigen, daß keines der Mißverständnisse vollkommen ausweglos ist. Sie mögen harmlos, ja amüsant oder dramatisch und folgenreich sein: Sie lassen sich entweder auflösen oder, wenn dies nicht gelingt, in einen fruchtbaren Reifungsprozeß verwandeln. Ein Gewinn an Reife nicht nur für das Kind, sondern auch für die Erwachsenen.

Das Buch wendet sich an alle, die mit Kindern als Eltern, Verwandte, Freunde oder Fachleute zu tun haben. Sie müssen nicht unbedingt, dem Gedankengang der Autorin folgend, die Kapitel der Reihe nach lesen. Vielleicht interessiert ein besonderes Problem, mit dem eine

Mutter, ein Vater oder Pädagoge gerade konfrontiert ist, vordringlich. Der Leser wird sich darum vielleicht lieber hier und da das herauspicken, was ihn mehr anzugehen scheint als etwas anderes. Die Vielfalt der Ursachen, die an einem einzigen Mißverständnis beteiligt sein können, wird ihm jedoch deutlicher und leichter verständlich, wenn er mit Kapitel eins beginnt und mit Kapitel zehn aufhört. Auch die einzelnen angeführten Beispiele stehen niemals nur für das jeweils in dem Kapitel besprochene Problem. Der Leser wird schnell bemerken, wie vielschichtig auch das kleinste der geschilderten Geschichtchen ist. Und er wird entdecken, welch ungeheurer Reichtum an psychischen und sprachlichen Möglichkeiten in diesen Mißverständnissen steckt. Wir wollen sie darum auch nicht einfach beseitigen, sondern sie sozusagen liebevoll aus der Nähe betrachten und – eben besser verstehen.

1 Bitte, versteh mich doch!

Erinnern Sie sich? Wo haben Sie das schon beobachtet? Oder ist es Ihnen selber passiert?

Eine Straßenszene: Das kleine Mädchen, etwa zwei Jahre alt, sitzt in ihrer Karre und schaut in das Treiben vor sich. Mutter und Vater hinter ihr schieben plaudernd das Wägelchen durch ein immer dichteres Gewusel von Passanten. Die Kleine versucht sich nach der Mutter herumzudrehen. Unmöglich, denn sie ist angeschnallt. Nach dem zweiten erfolglosen Versuch beginnt sie ein bißchen zu quengeln. Die Eltern nehmen keine Notiz von ihr. Nun versucht sie sich herumzuwerfen. Sie beginnt zu weinen, weil es ihr mißlingt. »Bleib sitzen!« herrscht sie die Mutter an. Das kleine Mädchen gibt nicht auf.

Schließlich packt ihre Mutter sie unter den Armen, drückt sie kräftig in die Karre und schimpft auf sie herab: »Du hörst jetzt sofort auf zu schreien!« Das Gegenteil ist der Fall. Bei dem Kind scheinen alle Sicherungen durchgebrannt. Die Eltern haben beschlossen, jetzt keine Notiz mehr zu nehmen. »Sie hat wieder mal einen Bock«, meint trocken der Vater.

Er irrt sich. Die Zweijährige hat keineswegs einen Bock. Sie fühlt sich nur – hartnäckig – mißverstanden.

Die Mutter wird aggressiv, weil sie nicht begreift, was ihr Kind will. Nicht nur, weil es noch nicht gut sprechen kann. Ihre ganze Aufmerksamkeit richtet sich auf ihren Mann. Beide Eltern nehmen die Kleine nicht ernst. Sie ignorieren einfach ihr Kommunikationssignal: »Mama, ich möchte dich sehen, ich möchte, daß du mit mir sprichst, daß du mir erklärst, was ich sehe, daß ihr mich nicht ausschließt. Bitte, ich möchte mich gern herumdrehen.« Verständlich, gehen Sie einmal mit Ihrem Partner spazieren – immer zwei Schritte vor ihm. Nicht gerade einfach, die Kommunikation, nicht wahr?

Mißverständnisse zwischen Eltern und Kindern. Wir beobachten und erleben sie täglich. Meist sind es harmlose Ausgangssituationen. Ein Signal wird gegeben, eine Frage oder Bitte ausgedrückt – mit Worten, Gesten, Mimik oder auch Weinen. Dann klappt offenbar einiges in der Kommunikation nicht. Etwas Wichtiges wird übersehen, überhört. Einer der beiden Partner ist in seiner Aufnahmefähigkeit blockiert. Der andere fühlt sich zurückgewiesen, ausgeschlossen, allein gelassen. Beide Seiten leiden vielleicht unter ihrer Hilflosigkeit: Das im Flugzeug schreiende Baby ist nervös, geängstigt. Es will nicht neben der Mutter oder – mit dem Rücken zu ihr – auf ihrem Schoß sitzen. Sein Weinen heißt möglicherweise nichts anderes als: »Halt mich bitte in deinem Arm, an deinem Herzen, meine Wange an deiner Wange, dann werde ich ruhiger.« Es wird aber nicht verstanden.

Die Mutter holt ein Stofftierchen, eine Klapper und schließlich ein Fläschchen heraus. Versucht, dem keineswegs hungrigen »Schreihals« buchstäblich »das Maul zu stopfen«. Angewidert und empört wehrt sich das Baby. Natürlich weint es immer mehr. »Sei sofort still«, schimpft die inzwischen entnervte Mutter. Ein Blick auf den Vater läßt sie erkennen, daß ihm das Geschrei genauso peinlich ist wie ihr. Plötzlich, o Wunder, vergißt die junge Frau in ihrer Verzweiflung ihre Umwelt – die vorwurfsvollen Blicke der benachbarten Passagiere, die betonte Unbeteiligtheit ihres Mannes –, sie fühlt den Kummer des Kindes und nimmt es nun, einem blitzschnellen Instinkt folgend, in den Arm: ganz so, wie es das Kind gebraucht hatte. – Stille. – Das Mißverständnis hat sich aufgelöst.

Ein Fünfjähriger macht jeden Abend vor dem Schlafengehen »schreckliches Theater«. Er will nicht ins Bett und findet tausend Tricks, um aufzubleiben. Seine ihm vielleicht selber nicht bewußte Botschaft: »Bitte, laßt mich nicht allein. Ich habe solche Angst, es könnte euch etwas zustoßen, wenn ihr fortgeht.« Die Eltern, die häufig abends ausgehen und durch die Verzögerungsmanöver ihres Sohnes fürchten, zu spät wegzukommen, können seine Bitte nicht entziffern.

Ein Krabbelkind reißt eine Tischdecke mit heißer Suppe herunter. Es weint verstört. Es hatte nur einen Halt gesucht, um sich aufzurichten. »Ich möchte gern sehen, was oben auf dem Tisch ist«, war vielleicht sein Wunsch. Es kann ihn noch nicht ausdrücken. Der

Schreck der Mutter und ihre Angst um das Kind wandeln sich augenblicklich in Aggression um. Der Kleine bekommt einen Klaps.

Eine Siebenjährige trödelt jeden Morgen vor der Schule, als hätte sie es darauf angelegt, zu spät zu kommen. Ohne Worte teilt sie ihrer Mutter mit: »Mama, ich möchte noch nicht von dir fort. Der Tag ohne dich ist so lang.« Ihre Zeitwahrnehmung ist noch anders als die der Erwachsenen. Die Mutter ist zu sehr in Eile, zu nervös, um die Botschaft zu verstehen. Jeden Tag ist sie wütender auf die Tochter und treibt sie mehr zur Eile an. Mit immer weniger Erfolg. Das Mädchen bekommt den Eindruck, der Mutter sei alles andere wichtiger als es selber, und trödelt immer mehr.

Was die alltäglichen Mißverständnisse bewirken können

Strafen verschlimmern die Sache. Sie zeigen dem Kind, daß es mißverstanden wurde. Und sie demütigen es. Um so beharrlicher muß es also seine Signale aussenden. Aus einer winzigen Anfangsschwierigkeit – wie bei dem Baby im Flugzeug oder der trödelnden Siebenjährigen – wird unversehens eine Nervenzerreißprobe. Nicht nur die Kinder haben einen »Bock«, die Eltern ebenfalls. Hielten sie einmal mitten in einem solchen kleinen Drama kurz inne, um sich selber zu beobachten, dann würden sie es merken. Sie tun es jedoch meist ebensowenig wie die Kinder. Das Ende – selten eine richtige »Beendigung« oder gar Auflösung: unmäßiger Zorn der Eltern, verzweifeltes Schreien, Protest oder verstörter Rückzug des Kindes. Unangemessene Sanktionen, Demütigungen, Liebesentzug und sogar Gewalt sind an der Tagesordnung. Eigentlich liebevolle Eltern und keineswegs ungezogene Kinder (grundsätzlich wollen alle Kinder ihren Eltern gefallen) prallen sozusagen aufeinander. Wir alle sind daran gewöhnt.

Wieso eigentlich? Selbst wenn in einem sonst allgemein liebevollen »Familienklima« diese kleinen täglichen Dramen keine schwerwiegenden Auswirkungen auf die meisten Kinder haben: Wieso finden wir es »normal«, daß ihnen oft solch massive Nichtachtungs- und Machtdemonstrationen zugemutet werden? Uns Erwachsene würden sie in finsterste Depression oder Wut stürzen. Kinder aber sind nicht nur viel kleiner, schwächer, zarter und seelisch verletzbarer als wir, sie sind überdies von uns abhängig. Versetzen wir uns einmal an die Stelle eines Zwei-, Fünf- oder auch Zehnjährigen. Und halten wir uns dann einen Spiegel vor, um zu beobachten, was wir tun würden. Könnten wir das aushalten?

Wir akzeptieren die alltäglichen Familiendramen, weil wir wissen: Es handelt sich eher um Hilflosigkeiten als um beabsichtigte Verachtung oder Gewalt. Und genau darum haben sie in einer »gesunden«, liebevollen Familie kaum negative Folgen für das Kind. Es fühlt: Meine

Eltern lieben mich und wollen mir nichts Böses zufügen, aber irgend etwas funktioniert im Augenblick nicht zwischen ihnen und mir. Sie verstehen mich einfach nicht. Meine »Magie« und ihre »Allmacht« scheinen außer Kraft. Sie führen sich auf, als wären sie selber Kinder oder – Monster. Sie stürzen mich in ein Chaos schmerzlicher Ungereimtheiten. Ich weiß nicht, wie mir geschieht. Ein Halt sind sie mir jetzt gerade nicht. Aber später werden sie es wieder sein, dann kann ich mich aufs neue geborgen und verstanden fühlen.

Handelt es sich jedoch um eine schwere Demütigung, ein verletzendes Mißverständnis also, kann die Spur davon später im Leben in gewissen Situationen wieder auftauchen – zum Beispiel als eine unerklärliche plötzliche Verstimmung, in der Scheu vor gewissen Auseinandersetzungen oder in anhaltenden Depressionen.

Der französische Sozialpsychiater Jacques Salomé berichtet von einer 46jährigen Frau, die plötzlich ein kleines Mädchen in sich wiederfindet: »Ich bin drei Jahre alt«, erinnert sie sich, »... ich sage etwas Wichtiges und werde nicht verstanden. Ich sage: ›Mein kleiner Cousin ist krank, er wird sterben.‹ Meine Eltern antworten: ›Nein, er wird nicht sterben.‹ Ich breche das Gespräch ab, ich verschließe mich, und als er stirbt, sagt man: ›Sie weiß nichts.‹ Ich trage dieses verstummte kleine Mädchen seit 43 Jahren mit mir herum.«[1]

Das kleine Mädchen hat eine dreifache Demütigung erfahren: Ihre Eltern nehmen seine Worte nicht ernst, dann belügen sie es auch noch und behaupten überdies, das Kind wisse nichts. In gewisser Weise ist hier nichts anderes geschehen, als was wir häufig »über den Kopf von jemanden hinwegreden« nennen. Buchstäblich reden oder handeln die Eltern über den Kopf des Kindes hinweg. Sie unterhalten sich in seiner Gegenwart über Ereignisse und ihre Meinung dazu so, als wäre es gar nicht da oder als wäre es keine richtige Person, die hören und sich ein Urteil bilden könnte. Sie halten es einfach nicht für nötig. Die psychische Reaktion des Mädchens, deren Spuren sich noch im Leben der 46jährigen wiederfinden, läßt uns erkennen, daß solche täglichen Achtlosigkeiten Erwachsener gegenüber Kindern in der Tat von diesen als Verachtung verstanden werden können. Haben sie damit unrecht?

Jeder von uns wird sich an Szenen erinnern, in denen er oder sie Kinder in Gegenwart von Freunden oder Verwandten in dieser Weise als Unpersonen behandelt hat. Unter dem Vorwand, sie »bekämen nichts mit«, erlauben wir uns fast alles. Macht sich das Kind dann mit einer unerwarteten unangenehmen Frage bemerkbar, sind wir aus Bequemlichkeit schnell mit Lügen bei der Hand. Auf einmal soll das vorher schutzlos dem Gespräch der Erwachsenen ausgesetzte Kind damit angeblich behütet werden.

In Wahrheit wird es tief verwirrt. Es kann mit der Verletzung um so schwerer fertig werden, als sie ihm unter dem Vorwand der Liebe zugefügt wird. Die Situation muß ihm besonders unerklärlich erscheinen, weil es ja selber ganz richtig verstanden hatte. Die Botschaft der Eltern müßte vom Kind eigentlich so entziffert werden: »Du hast zwar peinlicherweise die Sache durchaus richtig verstanden. Aber weil wir dich lieben, lügen wir dich an und tun so, als wüßtest du nichts.« Wie soll es sich da noch auskennen? Auch der später aus diesem Kind herangereifte Erwachsene wird Mühe haben, sich auszukennen, wenn er der Ursache für eine plötzlich über ihn hereinbrechende Depression nicht auf die Spur kommt.

Szenarien wie diese sind viel häufiger, als wir denken. Schlimmer als in dem geschilderten Beispiel sind sie überdies oft mit ungerechten Sanktionen verbunden. Das Kind ist ein leicht verfügbarer Sündenbock, wenn Erwachsene die Peinlichkeit einer Situation nicht mehr bewältigen können. Es wird zur Strafe für seine »vorlaute« Frage oder seine unverschämt klare Erkenntnis in sein Zimmer verbannt oder vor anderen hart zurechtgewiesen: »Du hältst den Mund! Du verstehst davon gar nichts!«

Ich verharre bei dieser Szene so ausführlich, weil wir dazu neigen, mit unseren eigenen Kindern zu wiederholen, was mit uns selber geschehen ist, als wir klein waren. Wir alle können niemals perfekte Eltern sein, weil niemand eine »perfekte« Kindheit hatte. Die Analyse einer solchen Situation kann uns jedoch helfen, einen solchen Teufelskreis zu durchbrechen. Und vielleicht sogar unsere eigenen, manchmal merkwürdigen Gefühle oder Stimmungen besser zu verstehen. (Sie kommen möglicherweise von weit her aus der Vergangenheit.) Jedenfalls

Aber Simson war dazu bestimmt, ein „Nasir" zu sein. Als ich etwas älter geworden war, dachte ich dann über „das Gesetz des Nasirs" nach (4. Mose 6). Ein Nasir sollte doch von allem Unreinen abgesondert und ganz Gott geweiht sein! – Aber wie hat denn Simson seine Siege errungen? Was hat ein Nasir mit dem unreinen Kinnbacken eines toten Esels zu tun oder mit so unreinen Tieren wie Schakalen oder auch mit dem Aas eines Löwen? Bestand nicht Simsons Nasiräertum allein noch in dem ungeschnittenen Haar, in dem Merkmal, das äußerlich die Abhängigkeit von Gott betonte? Verleugnete er nicht die anderen dazugehörigen Kennzeichen sowohl äußerlich sichtbar als auch in ihrer moralischen Bedeutung? Man denke nur an die Eheschließung mit einer Philisterin und überhaupt an seine Schwäche in Bezug auf Frauen.

Nein, so dachte ich, ein Held war Simson nicht! – Oder doch? Es war ja der Geist des Herrn, der über ihn kam bei seinen Kämpfen. Wie passte das alles wohl zusammen? Die Antwort auf diese Frage fand ich erst später.

Der Herr ist nahe 2008 · CSV-Verlag · Postfach 10 01 53 · D-42490 Hückeswagen

SA 05.22 SU 21.33 MA 19.11 MU 01.26

Montag **14** **Juli**

Simson sprach: Mit dem Esels-Kinnbacken eine Schar, zwei Scharen! Mit dem Esels-Kinnbacken habe ich tausend Mann erschlagen! Richter 15,16

Simson – ein Held?

Kinder gläubiger Eltern lesen im Allgemeinen gern die biblischen Geschichten. Sie sind nämlich recht spannend und sind wirklich so passiert. Und es gibt Helden darin, feindliche Helden wie Goliath, die ihre verdiente Strafe empfangen, und Helden Gottes wie Simson.

Simson war ein Held. So dachte ich jedenfalls als Kind. Wie unerschrocken trat er als Einzelner vielen Feinden entgegen, und was für herrliche Siege hat er errungen! Sein Sieg über den Löwen, über den „Starken“, weist sogar voraus auf den Sieg des Herrn Jesus am Kreuz.

sind wir nicht dazu verdammt, Mißverständnisse immer aufs neue zu reproduzieren.

Eine Frau, die jahrzehntelang als Kinderärztin und -analytikerin mit Kindern und Eltern gearbeitet hat, die Französin Françoise Dolto, teilt uns als Fazit ihrer Erfahrungen mit: Kinder, sogar die kleinsten, können alles verstehen. Nicht die einzelnen Sätze oder Worte, jedoch das Wesentliche ihrer Botschaft. Nur dann können sie nicht verstehen, wenn diese Botschaften widersprüchlich oder verlogen sind, wenn unser Handeln im Gegensatz zu unseren Worten steht. Daraus läßt sich ein unumstößliches Gesetz ableiten: Wenn wir Kinder an unseren Erwachsenengesprächen oder -situationen teilnehmen lassen, dann müssen wir in jedem Fall auch bereit sein, ihre Fragen vollständig zu beantworten. Und wir müssen bei der Wahrheit bleiben.

Das Interesse der Eltern gibt dem Kind Selbstvertrauen

Weitaus folgenreicher noch sind Mißverständnisse für das Kind, wenn das ganze Familienleben von Aggressionen bestimmt ist. Dann wird diese uns so vertraute alltägliche Gewalt, meint Bertrand Cramer, Leiter eines kinderpsychiatrischen Zentrums in Genf, zur »Ver-Gewaltigung«. Diese muß sich nicht immer in Tätlichkeiten ausdrücken. Noch schlimmer für die zukünftige

Entwicklung eines Kindes ist »das seelische Abgewandtsein der Eltern, ihr Mangel an Interesse«. Cramer präzisiert, das Kind wachse dann in einer Art Leere auf. Solche Leere entsteht meist dadurch, daß die Eltern psychisch »abwesend« sind. Dafür gibt es mehrere Gründe: Sie können zum Beispiel zu sehr mit eigenen Problemen beschäftigt sein, vielleicht macht ihnen aber auch ein anderes Kind Sorgen. Und: Manche Eltern haben selber in den ersten Lebensjahren von ihren eigenen Müttern oder Vätern weder Aufmerksamkeit noch seelische Zuwendung erfahren. Sie haben Schwierigkeiten oder sind sogar unfähig, etwas weiterzugeben, was sie niemals erhalten haben. Möglicherweise fehlt ihnen nur die Ausdrucksform für ihr Interesse. Auch eine schwere Depression der Mutter kann ihren kleinen Sohn oder ihre Tochter so vereinsamen lassen.

Das grundsätzliche Interesse der Eltern ist für die Entwicklung eines Kindes so wichtig wie Luft zum Atmen. Um sich dieses Interesses zu versichern, kommen schon die Kleinsten auf erstaunliche Ideen. Eine französische Psychoanalytikerin berichtete mir von einem kleinen Jungen, der sich stundenlang in einem Schrank versteckt hielt. Die Mutter rief ihn und suchte das ganze Haus und die Nachbarschaft nach ihm ab. Erst als sie in ihrer Verzweiflung die Polizei rief, fühlte der Vierjährige sich der Aufmerksamkeit und der Liebe seiner Mutter sicher genug, um sein Versteck zu verlassen.

Ein Schulkind spielt regelmäßig den Klassenkasper. Zu Hause »kriegt es den Mund nicht auf«, sagt der Vater. Was er verschweigt, weil er es gar nicht bemerkt: Klaus ist in der Familie das »fünfte Rad am Wagen«. Seit der Geburt der kleinen Schwester, kurz bevor Klaus in die Schule kam, existiert er für die Mutter anscheinend nicht mehr. So jedenfalls kommt es ihm vor. Alles, was das kleine, dumme Baby anstellt, versetzt die Eltern in Entzücken: »Das konnte Kläuschen in dem Alter noch nicht!« Nun wünscht sich der Junge nichts so sehnlich wie die Aufmerksamkeit seiner netten, jungen Lehrerin. Die beantwortet sein albernes Gekasper – jedoch den Ratschlägen gewisser Verhaltenspsychologen gemäß – mit Nichtbeachten. In diesem Fall wirklich keine gute Lösung. Denn Klaus braucht wirklich Interesse und auch ein Mindestmaß an Anerkennung. Ein Gespräch mit den Eltern über die Familiensituation könnte der Lehrerin erhellen, was Mutter und Vater – zu nah »dran« und zu sehr mit sich und dem Baby beschäftigt – nicht wahrnehmen.

Das ständige Interesse und die Aufmerksamkeit der Mutter haben noch eine andere besondere Bedeutung: Das Kind weiß oft selber gar nicht, was es mitteilen oder fragen möchte. Es ist mit seinem Verständnis der Welt und seines Platzes darin noch nicht soweit, daß es immer eine klare – und sei es eine wortlose, nur in Gesten ausgedrückte – Mitteilung machen könnte. Seine Analyse der Situationen reicht oft dazu nicht aus. Es braucht die Eltern nicht nur, um Antworten und angemessene Reaktionen zu bekommen, sondern auch bereits, um seine Frage zu finden.

Ein kleines Mädchen spielt, daß seine über alles geliebte Puppe Monika schwer krank ist. Was wäre wohl das Schlimmste, woran sie leiden könnte? Was würde wirklich eine Gefahr für das Puppenkind sein, so daß sich die Mutter ernste Sorgen machen müßte? Die Lösung: Eine Nadel in der Lunge. Natalie verschweigt keiner ihrer Freundinnen und auch ihrer Mutter nicht, wie schwer die Puppe Monika erkrankt ist.

Niemand hilft Natalie, ihre Frage zu finden, die doch so einfach ist: »Mama, liebst du mich?« Eine Nadel in der Brust des Puppenkindes. Natalie konnte ihre Frage nur spielen, nicht aussprechen.

Häufig sind die nicht gefundenen Fragen gar nicht so schwerwiegend wie diese. Wichtig und oft auch quälend können sie trotzdem sein. Welcher Erwachsene macht sich schon klar, daß ein Kind dabei seine Hilfe benötigt? Wir werden in einem späteren Kapitel darauf zurückkommen.

Ich sehe dich wirklich

Ganz allgemein und für alle Familien – auch die mit besonderen psychischen oder sozialen Problemen – gilt: Wenn Eltern wirklich Interesse für ihr Kind haben und ihm als einer eigenständigen Person Achtung entgegenbringen, können sie fast immer Wege finden, Mißverständnisse aufzuklären, ihre »Schwere« abzumildern oder sie sozusagen »aufzufangen«. Auffangen heißt, da, wo sie sich nicht vermeiden lassen, dem Kind zumindest das Gefühl geben, daß man sich eines Problems bewußt ist und selber wünscht, es zu lösen.

Das Kind wirklich »sehen«, würde oft schon Wunder wirken. Meist »bemerken« wir es nur. Es ist da, spielt, wir nehmen gerade eben wahr, daß es nicht in Gefahr ist. Ein Kind, das man wirklich ansieht, wenn es auf einen Stuhl klettert, sich aus dem Sitzen aufrichten will, wenn es eine Stufe hinuntergeht, eine Tasse mit einem Getränk hoch oben vom Tisch zu sich herunterholt, erhält mit unserem Blick nicht nur eine ermutigende Unterstützung, oft besser als die haltende Hand, es kann auch sicher sein, daß eine aufkommende Unsicherheit oder Frage sofort im Blick des anderen aufgenommen wird.

Das Gegenteil passiert, wenn wir unsere Augen mit Kälte oder Gleichgültigkeit auf das Kind richten, wenn wir nicht lächeln, wenn unsere Mimik und Körpersprache keine Anteilnahme zeigen. Diese psychische Abwesenheit nehmen schon Neugeborene wahr. Sie beginnen zu weinen, wenn die Mutter ihnen so erscheint. Kinder aller Altersstufen ebenso wie Erwachsene fühlen sich von solcher »Gefühlsstarre« oder seelischen Abwesenheit ihres Gegenübers stark verunsichert.[2]

Sie können sie sogar als Bedrohung oder Gewalt empfinden. – Auch das ist ein Mißverständnis, denn wir wollen das Kind selbstverständlich nicht verunsichern oder ängstigen. Wir sind nur einfach »woanders« und unterschätzen die feinen Antennen des Kindes für unseren Zustand.

Natürlich können wir unseren Gesichtsausdruck und unsere Körpersprache nicht bewußt steuern. Dagegen können wir uns hin und wieder sehr wohl bewußt machen, ob wir einem Kind, das irgendeinen Appell an uns richtet, wirklich unsere Aufmerksamkeit schenken. In dem Moment, wo wir uns sozusagen aus unserer Introvertiertheit oder Abgelenktheit herauslösen und uns dem Kind zuwenden, ändert sich wie von selbst unser Gesichts- und Körperausdruck. Wir werden lockerer, unsere Nacken- und Schultermuskeln lösen sich, wir können lächeln, wir öffnen weit und aufmerksam die Augen und ziehen die Augenbrauen ein wenig hoch. So, wie wenn wir jemanden begrüßen. All dies geschieht unmerklich und wird doch vom anderen wahrgenommen.

Salomé berichtet in seinem Buch[3] von Mathilde, einem Baby, das fünf Monate lang schrie: »Die Mutter sagt uns: ›Bis zu dem Moment, wo mir bewußt wurde, daß ich sie nicht sah. Ich hatte sie niemals richtig angesehen. Es ist unglaublich. Ich versorgte sie, aber ich gab ihr nicht meine Gegenwart. Selbst wenn ich mich um sie kümmerte, war ich eigentlich nicht da. Eines Morgens, als ich ihr die Brust gab, habe ich das plötzlich verstanden. Und an diesem Tag habe ich sie wirklich angesehen. Sie hat nie mehr geschrien. Verrückt, nicht wahr?‹«

Leider bestehen nicht alle Kinder so hartnäckig – über lange Zeit dauernde Mißverständnisse hinweg – auf dem Interesse der Mutter. Viele resignieren früher oder später. Und werden auch später im Leben bei auftauchenden Verständigungsproblemen schnell »klein beigeben«.

Diesen Resignierten kann der Kindergarten oder auch die Tagesmutter, mehr noch als die Schule, einen Ausgleich bieten. Hier hat das Kind sozusagen die »Chance«, in keine familiären Beziehungen verstrickt zu sein. Das Verhalten der ihm weniger nahestehenden Personen ist nicht so stark von Problemen der Identifikation – das heißt der Erwartungen, Ansprüche und Enttäuschungen – geprägt wie das der Eltern. Diese für den Umgang mit Kindern ausgebildeten Personen haben darum von vornherein mehr innere Freiheit, den Kleinen gerecht zu werden. Sie können die in sich Zurückgezogenen ermutigen und ihnen in der Gruppe eine neue Basis für ihr Selbstbewußtsein geben. Voraussetzung dafür, daß sie sich in der Kommunikation mit anderen, sei es im Gespräch oder Spiel, als gleichberechtigte Partner fühlen.

2 Können Erwachsene und Kinder sich überhaupt verstehen?

Alle Menschen sind grundsätzlich darum bemüht, daß ihre Kommunikationsversuche richtig »ankommen«. So versuchen auch Eltern und Kinder normalerweise, Mißverständnisse gar nicht erst aufkommen zu lassen oder sie so schnell wie möglich zu beseitigen. Daß dies oft beim besten Willen nicht gelingt, hat viele Gründe. Der wichtigste: die riesige Diskrepanz zwischen Eltern und Kind.

Eigentlich sogar eine gewisse Fremdheit. Der Erwachsene und das Kind leben in verschiedenen Welten. Das Kind ist also kein Miniatur-Erwachsener. Seine Situation den »Großen« gegenüber ist aus vielen Gründen schwierig. Es ist schwächer und machtloser. Und es ist auf sie angewiesen: biologisch, seelisch und materiell. Seine Entwicklung, ja seine Zukunft hängen in vieler Hinsicht von den Eltern ab. Kleinheit, Zartheit, Abhängigkeit gegenüber Größe, Stärke und Unabhängigkeit. Diese Situation wird nicht gerade dadurch erleichtert, daß es in einer völlig anderen Vorstellungs- und Phantasiewelt lebt – den Erwachsenen oft unzugänglich. Mit seinen besonderen körperlichen und seelischen Bedürfnissen, Wünschen oder auch Sehnsüchten bewegt es sich wie ein kleiner Marsmensch inmitten der Großen. Und diese haben längst vergessen, was Kindsein bedeutet. Nicht zuletzt, weil sie eifrig dafür gesorgt haben, sorgen *mußten,* die »kindlichen Anteile« ihrer Persönlichkeit schön tief ins Unbewußte zu verbannen. Sie wollen sich gar nicht so gern mit Hilflosigkeit, Schwäche oder gar Angst konfrontieren und noch weniger identifizieren. Gott sei Dank, das haben sie ja gerade mit Mühe und Not hinter sich gelassen! Gibt uns das nicht zu denken? So angenehm ist es offenbar gar nicht, ein Kind zu sein.

Das Kind in der Mutter

Und doch ist es gerade das Unbewußte, das beide miteinander verbindet. Das Kind ist sozusagen auf der Wellenlänge des Unbewußten seiner Mutter. Bei ihm ist der Widerstand zwischen Bewußtem und Unbewußtem noch nicht so etabliert und stark wie bei ihr. Ihr Sozialisationsprozeß mit allem, was sie dabei von außen in sich aufgenommen hat, einschließlich der 1000 Ideen über Kinder und Kindererziehung, hat ihre »Opposition« zu ihrem frühkindlichen »Ich« verstärkt. Und für das Kind wäre es gar nicht so wünschenswert, wenn sie ihm plötzlich mit einer zwei- oder dreijährigen Psyche erschiene – keine schützende, Geborgenheit vermittelnde Mutter mehr, sondern ein bedürftiges Wesen.

Manchmal geschieht das: Wenn eine Mutter zum Beispiel niemals ihre unerfüllten kindlichen Bedürfnisse hinter sich lassen konnte. Wenn bei ihr als Baby die Gier (das Neugeborene ist wirklich gierig nach der Mutterbrust!) und die Sehnsucht nach der Nahrung und Liebe spendenden Mutter nicht befriedigt wurden, dann kann sich dieses Kind später als Erwachsener kaum von dieser buchstäblich un-»gestillten« Sehnsucht lösen.[4] Wenn aus diesem Kind selbst eine Mutter geworden ist, wird sie ihr Kind vielleicht »auffressen«. Aus Liebe wird man sagen. In Wahrheit ist es aber unerfüllte Sehnsucht. In dem Kapitel über die Projektionen der Eltern auf das Kind kommen wir auf dieses Thema zurück.

Bei allem bewußt und unbewußt Verbindenden: Das Kind ist zunächst ein Fremdling in der Welt der Erwachsenen. Fremd ist in gewisser Weise schon das neugeborene Baby. Es bringt bereits einen eigenen unverwechselbaren »Charakter« mit auf die Welt.[5] Eine fast beängstigende Erfahrung für die Mutter. Bisher hatte sie ihr Kind noch als einen Teil von sich selber betrachtet. Jetzt, dem Mutterleib »ent-bunden«, manifestiert es sich plötzlich und überraschenderweise als einzelnes Wesen mit Bedürfnissen und Wünschen. Und wird dies im Laufe seiner Entwicklung immer mehr tun.

Glücklicherweise kommt der Mutter ein von der Natur vorgesehenes Programm an erstaunlichen gegenseitigen Verständigungsmöglichkeiten zu Hilfe. So sind beide, sowohl das Kind als auch die Mutter, für den Anfang vor schwerwiegenden Mißverständnissen sicher.[6]

Und noch etwas anderes erleichtert der Mutter die Sache: Die Tatsache, daß sie sich von ihrem Kind »erkannt« fühlt. Wir haben oben von der Bedeutung des Blicks der Mutter für das Kind gesprochen. Das gleiche gilt umgekehrt. Schon der Blick des Neugeborenen, das Erkennen und Wiedererkennen, das sie in seinen weitgeöffneten Augen findet, geben ihr Selbstvertrauen in all der Unsicherheit gegenüber dem Unbekannten. Denn niemand weiß wirklich, was in einem Baby oder Kleinkind, ja selbst in einem größeren Kind vorgeht. Niemand kann sich wirklich an seine Stelle versetzen. Durch seinen Blick hindurch kann sie jedoch wie durch ein kleines geöffnetes Fenster ein bißchen »hineinschauen« in etwas, das uns sonst verborgen bleibt. In den Augen, dem Gesichtsausdruck ihres Babys oder ihres Kleinkinds erkennt sie, ob ihr Eingehen auf das Kind »richtig« war oder ob sie es im Gegenteil irritiert hat. Oder ob ihre Bemühungen vielleicht ins Leere gegangen sind. Dem Kind in seine geöffneten Augen zu sehen, bringt ihr doppelte Erkenntnis: Sie sieht sowohl, ob sie »verstanden« hat, als auch, ob sie vom Kind verstanden wurde.

Positive und negative Mutmaßungen über das Kind

Wenn das »Natur-Grundprogramm« des Verständnisses versagt, was häufig geschieht aufgrund zahlloser, zum Beispiel von außen einwirkender Störungen, dann befrachten wir das Kind oft mit einer ganzen Last von Mutmaßungen über das, was es versteht oder angeblich noch nicht verstehen kann; über das, was es sein oder nicht sein könnte. Wir phantasieren vielleicht über seine Absichten, die Mutter egoistisch zu vereinnahmen oder nur »Unsinn« zu machen. Grundsätzliche Mißverständnisse, die ihre Schatten weit in die Zukunft werfen. Diese mit geradezu abenteuerlichen Vorstellungen beladene »Fremdheit« des Kindes für die Eltern, gepaart mit Mängeln im Austausch von Botschaften, erzeugt Verunsicherung und sogar Aggressionen. Das läßt sich schon bei Tieren beobachten.

Viele Mütter werden aggressiv gegen ihr Kind, wenn es scheinbar sinnlose Handlungen begeht, vor allem, wenn es sich dabei selber in Gefahr bringt. Besonders sehr junge, unerfahrene Mütter haben oft keine Vorstellung von seiner begrenzten Fähigkeit, die Welt und ihre Kausalitäten zu erkennen. Ihre Vorstellung vom Kind ist häufig, daß es »nur Dummheiten im Kopf« habe. Manchmal entwickelt sich aus dieser negativen Erwartungshaltung, erklärt der französische Kinder-Psychotherapeut Gérard Guillerault[7], »eine regelrechte Phobie, eine unbewußte Abwehrhaltung gegen den kleinen ›Störenfried‹«. Die Eltern sehen dann im Kind von vornherein einen Zerstörer. Fast jede seiner Verhaltensweisen wird in diesem Sinn interpretiert.

Gegen dieses vermeintlich Chaos verbreitende, scheinbar regellose und uneinsichtige Verhalten der Kleinen hilft nur Strenge, denken viele Eltern. »In Wahrheit Dressur«, erklärt Guillerault. Oder Machtkampf. Zum Beispiel, wenn das Kind endlich ins Bett gehen soll. Oft erübrigte er sich, wenn die Eltern herauszufinden versuchten, was ihr vielleicht todmüdes Kind am Einschlafen hindert. Hat es vielleicht Angst? Und wovor? Strenge ist kein Mittel zu besserem Verständnis und schon gar nicht gegen Angst. Die Kluft der Fremdheit vergrößert sich nur.

Häufiger jedoch haben Eltern übersteigerte oder falsche positive Erwartungen an ihr Kind. Sie zwingen ihm sozusagen schon von Anfang an ein Mißverständnis auf, ein falsches Gesetz sozusagen, nach dem es anzutreten hat. Ob es will oder nicht, ob es kann oder nicht. Zunächst soll es vielleicht ein niedliches Püppchen sein, ganz den Wünschen und dem Liebesbedürfnis der Eltern ergeben. Dann soll es womöglich ein Supercrack werden, vor allem da, wo die Eltern selber keine Möglichkeit hatten, sich hervorzutun. Erfüllen sich diese hochgesteckten Wünsche nicht – wir werden später erklären, warum sich das Kind dagegen wahrscheinlich sogar ganz besonders zur Wehr setzen wird –, sind Enttäuschung, Verbitterung und Versagensgefühle auf beiden Seiten die Folge. Mißverständnisse solcher Art können eine schwere Hypothek für ein Kind sein – wie wir sehen werden, sogar schon im Mutterleib.

3 Mißverständnisse – die wichtigsten Grundmuster

Für Mißverständnisse gibt es selten nur eine Ursache. Fast immer, auch bei den winzigen mit harmlosem Ausgang ebenso wie bei den schwerwiegenden nie gelösten, sind viele Gründe beteiligt. Es ist unmöglich, sie alle dingfest zu machen, einige regelmäßig wieder auftauchende Grundmuster lassen sich jedoch erkennen. Manche von ihnen spielen sozusagen bei jedem Mißverständnis in irgendeiner Kombination eine Rolle. Von dieser Kombination, von diesem komplexen, buchstäblich vielschichtigen Hintergrund hängt es in Wahrheit weitgehend ab, wie folgenreich Mißverständnisse für die Zukunft des Kindes sind.

Ich sage »weitgehend«, weil auch die Persönlichkeit des Kindes, seine »Stärke«, die es schon mit auf die Welt bringt, cinc gewisse Rolle dabei spielen. Auch wenn die äußeren Bedingungen gleich sind, verfügt jedes Kind über unterschiedliche Möglichkeiten, mit Mißverständnissen fertig zu werden. Es wäre unrichtig und ungerecht, alle Verantwortung den Eltern zuzuschieben. Nicht nur haben sie keinen Einfluß auf die Wesensgrundzüge, mit denen ihr Kind geboren wird, sie leben auch nicht in einem luftleeren »idealen« Raum. Sie sind in irgendeiner Form in ein soziales Umfeld eingebunden: Arbeit, Wohngegend, Freunde und Bekannte haben einen Einfluß auf ihre Lebensweise, ihre Normen, ihren Kommunikationsstil, kurz: ihr Verhalten. Und auch für das Kind gewinnt sein soziales Umfeld außerhalb der Familie immer mehr an Bedeutung. Dieses fängt vieles auf, was innerhalb der Eltern-Kind-Szenerie belastend bleibt.

Wir sind uns so gut wie nie all der Hintergründe für Mißverständnisse bewußt. Wenn wir sie hier nennen und erläutern wollen, dann ganz bestimmt nicht, um Eltern oder andere Kindern nahestehende Personen zu verunsichern. Jedoch: Die Ursachen für Mißverständnisse einmal erkannt zu haben, sich klarzumachen, welche Kräfte in uns wirken, wenn wir mit Kindern umgehen, macht uns duldsamer. Unsere Sensibilität wird geschärft. Wir werden weniger selbstgerecht handeln und prinzipiell einsichtiger sein. Vielleicht werden wir sogar oft unsere erste Reaktion, die zum Mißerfolg oder in eine Sackgasse geführt hat, noch einmal überprüfen. Warum sollen wir nicht manchmal unser Verhalten auch später noch revidieren? Nicht Schwäche, sondern Reife zeigen wir damit. Wir nehmen uns selber ernst, wenn wir uns nicht einfach mit einem Verhalten zufriedengeben, das offenbar nicht angemessen war. Und wir nehmen das Kind ernst. Es wird ermutigt durch die stumme Botschaft, die unsere »Wiederaufnahme des Verfahrens« begleitet: »Siehst du, ich habe dein Anliegen und unser

Problem nicht vergessen. Mir liegt genausoviel daran wie dir, aufzuklären, was uns vorhin verwirrt hat.«

Sehen wir uns also die neun wichtigsten Grundmuster für Mißverständnisse an – damit wir zunächst einmal uns selber besser verstehen.

Auf der Seite der Eltern:

- Unkenntnis der kindlichen Entwicklungsbedürfnisse – sowohl im körperlichen wie im seelischen Bereich. Eltern begreifen zwar leicht, daß ihr Baby oder Kleinkind noch nicht »so weit« ist wie ein älteres Geschwisterkind oder gar ein Jugendlicher. Sie wissen jedoch meist nicht, daß Wahrnehmungs- und Erlebensprozesse wirklich anders ablaufen als beim Erwachsenen.[8]
- In engem Zusammenhang damit steht der nächste Punkt:
  Eltern (Erwachsene) glauben, das Kind müsse so funktionieren wie sie selber. Weder die kindliche Ordnungs- noch Zeitvorstellung stimmen jedoch mit der des Erwachsenen überein.
- Unsicherheit der Eltern. Sie trauen oft ihrer eigenen Intuition zu wenig, den Ratschlägen anderer jedoch zu sehr. Sie lassen sich in ihrem Erziehungsstil zu stark von äußeren Normen leiten.
- Nichtbeachten oder Nichternstnehmen eines Kommunikationssignals. Die Eltern (Erwachsenen) machen oft gar nicht erst den Versuch, ihr Kind zu verstehen. Das Kind fühlt sich allein gelassen.

- Verwechslung von Wunsch oder Sehnsucht mit Bedürfnis. Besonders häufig wird der Wunsch nach Zärtlichkeit und Kommunikation mit dem Bedürfnis nach Essen und Trinken verwechselt.
- Eltern (Verwandte und auch fremde Erwachsene) projizieren ihre eigenen positiven und negativen Charaktereigenschaften ebenso wie ihre Wünsche, Ängste und Erwartungen in das Kind. Das geschieht teilweise bewußt – in Ausbildungs- und Berufsvorstellungen – oder unbewußt, sozusagen aus der Vorgeschichte der Eltern kommend. Zum Beispiel in der Vorstellung, das Kind müsse einen anderen Menschen »ersetzen«. Auch Phantasien, das Kind wolle sie beherrschen, es sei egoistisch oder aggressiv (wenn man selber unbewußt von Aggressionen beherrscht wird), sind besonders häufig.

Auf der Seite des Kindes:

- Die Phantasien und Theorien des Kindes. Was ein Kind erlebt, hört und sieht, verknüpft und verwandelt sich in Phantasien, die dem Erwachsenen unzugänglich sind. Mit ihnen hält es auch seine Ängste in Schach. Außerdem ist das Kind, anders als wir denken, ein unermüdlicher kleiner »Theorien-Macher«. Nur, daß seine Theorien nicht so sehr mit unserer Wirklichkeit übereinstimmen. Wenn wir es fragen, warum es etwas tut, sagt oder will, kann es uns oft keine in unser System passende Antwort geben.
- Die sprachliche Ungleichheit der Kommunikations-

partner. Das Kind besitzt die Sprache noch gar nicht oder weniger vollkommen als der Erwachsene. Es erwirbt sie gerade erst. Darum benutzt und hört es sie auch in einer ganz anderen Weise, als wir es uns vorstellen können. Und es verbindet mit Worten und Sätzen Träumereien, von denen wir nichts ahnen.

- Das Kind kennt seine eigene Frage oft nicht. Es ist noch so sehr am Beginn seines »Weltverständnisses«, daß es zwar oft etwas herausfinden möchte, aber eigentlich gar nicht weiß, was. Seine Frage kann sich erst im Zusammenspiel der Kommunikation mit dem Erwachsenen herausformen. So wirft es manchmal Worte wie Bälle hin, deren Sinn es nicht genau versteht. Oder es begeht eine in den Augen der Erwachsenen sinnlose – vielleicht »unartige« – Handlung.

4 Die Unkenntnis der kindlichen Entwicklung führt zu Mißverständnissen

Michaels Mutter ist mit ihrem Latein am Ende. Der Zweieinhalbjährige scheint nicht zu begreifen, wozu ein Töpfchen da ist. Erfreut hatte die junge Frau reagiert, als er plötzlich »Zeichen gab«, wenn er »mal mußte«. Er konnte Worte dafür gebrauchen. Stolz und aufgeregt. Trotzdem saß er dann auf seinem Topf, ohne daß irgend etwas passierte, und wartete ab, bis die Mutter ihm wieder die Windel angezogen hatte.

Sie denkt jetzt, er will sie zwingen, sich mit ihm zu beschäftigen. – Mag sein. Andererseits ist dieser aufgeweckte kleine Junge tatsächlich noch nicht soweit, seine Blasen- und Darmfunktionen ausreichend zu beherrschen und zu steuern. Ein komplizierter Reifungsvorgang ist dazu notwendig. Kinder erreichen ihn zu unterschiedlichen Zeitpunkten. Zwingt man sie, dressiert man sie mit stundenlangen »Sitzungen«, schadet man ihnen in ihrer Gesamtentwicklung.

Sophie hockt, ungeduldig mit dem Stuhl kippelnd, über ihren Rechenaufgaben. Immer wieder guckt die Siebenjährige sehnsüchtig aus dem Fenster, springt auf, holt sich etwas zu trinken. Die Mutter sieht, daß sie mehrmals den gleichen Rechenfehler macht. »Nun konzentrier dich doch mal!« fordert sie. Sophie versucht es. Wieder kommt ein falsches Ergebnis heraus. Die Mutter ist geduldig. Sie stellt sich neben ihre Tochter, zeigt ihr mit dem Finger den Fehler, faßt sie liebevoll um die Schulter und meint: »Na, stimmt das wirklich?« Und während Sophie laut die zu addierenden Zahlen nennt, drückt die Mutter sie kurz ein wenig fester an der Schulter: »Aufpassen!« Und, fast ist sie selber erstaunt über den Erfolg, diesmal stimmt das Ergebnis.[9] »Siehst du, prima«, lobt sie. »Du kannst es. Aber jetzt geh erst einmal spielen, du kannst später weitermachen.«

Nach dem anfänglichen Mißverständnis, einer Fehleinschätzung der Möglichkeiten ihrer Tochter, hat diese Mutter gespürt, daß sie beide so nicht weiterkamen. Instinktiv hat sie etwas ganz Wichtiges getan: nämlich dem Mädchen eine körperlich fühlbare, zärtliche »Stimulation« gleichzeitig mit der Aufforderung zum Aufpassen vermittelt. So hat sie mehrere »sensorische Antennen« des Kindes genutzt, um seine ermüdete Aufmerksamkeit zu beleben. Außerdem hat sie erkannt, daß das Kind sich nach dem anstrengenden Schulvormittag erst einmal austoben, seine leeren Batterien wieder aufladen mußte.

Reifung hat ihren eigenen Rhythmus

Unter Entwicklung stellen sich viele Menschen etwas Geradliniges vor, das stetig und gleichmäßig von »Unfertigkeit« zu »Fertigkeit« fortschreitet. Da fängt bereits das Mißverstehen eines Kindes an. Denn nichts in seiner Entwicklung ist geradlinig oder zeitlich gleichmäßig. Richtig ist, daß es bestimmte Entwicklungsschritte der Reihe nach machen muß. Diese Reihenfolge läßt sich nicht auswechseln. Man kann sie auch nicht künstlich, wie es viele Eltern in falsch verstandenem Ehrgeiz hoffen, in ihren einzelnen Abläufen beschleunigen. Denn Reifung ist ein Vorgang, der über Funktionen hinausgeht, die wir beobachten können, wie Greifen, Stehen, Laufen, Aufs-Töpfchen-Gehen, Sprechenlernen oder selbständig bestimmte Verrichtungen ausführen: Es ist ein Vorgang im Zentralnervensystem, der eine bestimmte Zeit braucht. Diese kann bei verschiedenen Kindern beträchtlich voneinander abweichen, ohne daß das eine mehr oder weniger weit ist.

Um einen neuen Entwicklungsschritt wirklich gewinnbringend »anzugehen«, ist es notwendig, daß das Kind in dem vorhergehenden eine bestimmte Qualität erreicht hat. Die findet es – oder zu der gelangt es – in der Regel durch seine ihm eigenen Verhaltensweisen des Wiederholens, des hartnäckigen Bestehens auf bestimmten Handlungen. Sie mögen einem Erwachsenen oft sinnlos erscheinen. Es macht, »probiert«, »übt« etwas so lange, bis eine ausreichende Qualität der Handlung oder des Verstehens erreicht ist. Diese Entwicklung läßt sich am besten mit Regelkreisen vergleichen. Das Kind lernt ja immer mehrere Sachen auf einmal. Sie bedingen und fördern sich sozusagen gegenseitig, sie greifen ineinander. Manchmal sieht es nach außen hin so aus, als mache das Kind gerade in diesen Wochen nur auf einem Gebiet – sagen wir, dem Laufenlernen – einen beträchtlichen Fortschritt. Der Eindruck trügt: Denn zu diesem Fortschritt gehören unzählige aus anderen Bereichen: Koordination, Gleichgewichtssinn, Raumgefühl, Selbstvertrauen – um nur einige ganz offensichtlich beteiligte »Kompetenzen« aufzuzählen. In Wahrheit sind es viel mehr.

Wir mißverstehen ein Kind also, ja wir tun ihm geradezu unrecht, wenn wir es zu bestimmten uns erstrebenswert erscheinenden Fähigkeiten drängen. Wenn wir einfach zu viel, zu früh und auch Falsches zum falschen Zeitpunkt von ihm erwarten.

Viele Eltern und sogar viele Kleinkind-Pädagogen wissen nicht, daß das Gehirn eines wenige Wochen, Monate oder Jahre alten Kindes nach anderen Gesetzen »funktioniert« als das eines älteren Schulkindes oder Erwachsenen. Wahrnehmungen zum Beispiel werden von einem Neugeborenen bis hin zum Kleinkind anders »verarbeitet« als später. Ebenso machen wir uns häufig nicht klar, daß Lernen bei einem kleineren Kind ganz anders vor sich geht als bei einem größeren. Nämlich weniger über Hören und Sehen (das in der späteren schulischen Förderung bevorzugt wird) als sozusagen im »Verbund« aller Sinne.

Ein Baby und Kleinkind lernt bestimmte Dinge besser, wenn es dabei in Bewegung ist, wenn es rhythmische Spiele macht, wenn es nicht nur sehen und hören, sondern auch anfassen darf, wenn man ihm während seiner Lern-»Arbeit« nicht nur Aufmerksamkeit und Interesse, sondern auch Zärtlichkeit schenkt, wenn man seine Hinweise auf etwas Wichtiges wie Sophies Mutter mit einem Druck an der Schulter oder dem Arm begleitet. Die Worte »Paß auf!« sind auf dieser Entwicklungsstufe für das Kind nicht immer ausreichend, sie bedürfen begleitender Handlungen. Diese helfen, das Nervensystem, das nach langem Stillsitzen mehr oder weniger einschläft, zu »wecken«, in neue Aufmerksamkeitsbereitschaft zu versetzen.

Viele Mißverständnisse, die bei Eltern und Kindern gleichermaßen unsinnigen Leistungsdruck und Streß erzeugen, könnten vermieden werden, wenn wir diese Grunderkenntnisse der modernen Forschung über die Entwicklung des Kindes wirklich berücksichtigten. Ein Baby und Kleinkind lernt nicht schneller, weil wir eine Fähigkeit besonders zu beschleunigen versuchen, zum Beispiel Lesen oder Rechnen. Im Gegenteil, es wird durch diese einseitigen Bemühungen, die seinen Entwicklungsbedürfnissen in diesem Alter entgegenlaufen, in seiner Gesamtentfaltung geradezu behindert. Es leidet unter Deprivation, unter einer künstlich geschaffenen Mangelsituation auf anderen Gebieten. Sein Bewegungs- und Erkundungsdrang zum Beispiel werden eingeschränkt und damit seine Fähigkeit, die Welt, in der es lebt, wahrzunehmen und zu be-»greifen«. Außerdem kann ihm ein Teil seiner Lebenslust verlorengehen.

Daß jedoch auch neue Erkenntnisse der Wissenschaft zu Mißverständnissen führen können, wollen wir an einem Beispiel genauer untersuchen. Es betrifft die allererste Lebenszeit. Und es soll uns so ausführlich beschäftigen, weil es deutlich zeigt, daß am Anfang des Daseins andere, uns noch schwer verständliche Gesetze die Entwicklung bestimmen als später im Leben.

Der Superfötus – falsch verstandene Früh-»Förderung«

Es ist Mode geworden, den Fötus – genau wie das Baby – als »Person« zu bezeichnen. Die Forschung der letzten Jahre hat in der Tat gezeigt, daß schon das Kind im Mutterleib erstaunliche Fähigkeiten entwickelt. Sehen wir uns diese Forschung und ihre Ergebnisse einmal auf einem wichtigen Gebiet an: dem Hören. Und wundern wir uns, wie unzureichend, ja falsch sie verstanden und interpretiert wurden. Und zwar nicht nur von ahnungslosen Eltern, sondern von sogenannten Fötalpädagogen. Weit entfernt von den Absichten der Wissenschaftler, benutzte man die Beobachtungsergebnisse in einer Weise, die nicht nur belächelt werden kann, sondern die möglicherweise sogar Gefahren für das ungeborene Kind birgt.

Ein Forschungslabor des CNRS (Centre National de Recherche Scientifique) in Paris. »Ich glaube, er ist wach. Er stupst mich schon wieder mit einem Fuß.« Future maman Sophie lehnt sich entspannt auf dem Ruhestuhl zurück. Sie zieht ihren Pullover zur Brust herauf. Zum Vorschein kommt ein wohlgerundeter, weißer Leib. Drinnen ist, vom Scheitel bis zum Steiß 34 Zentimeter lang, Alain zugange. Jedoch, wie die Ultraschalluntersuchung zeigt, keineswegs wach, sondern im »Aktivschlaf«. Jean-Pierre Lecanuet, Psychologe und directeur de recherche beim CNRS, erklärt der jungen Frau, daß er mit seinem geplanten Versuch noch eine Weile warten müsse, bis der muntere Sprößling in »ruhigen Schlaf« fiele. Der Wissenschaftler und seine Kollegen untersuchen seit Jahren die Hörfähigkeit des Ungeborenen – im internationalen Vergleich bisher die einzige systematische und wirklich aufschlußreiche Forschungsarbeit. Die Mütter, alle in den letzten Wochen ihrer Schwangerschaft, kommen aus der Geburtshilfeabteilung des Krankenhauses Baudelocque: freiwillig und meist neugierig auf die Beobachtungen.

Lecanuet und seine Kollegin Caroline Granier-Deferre wollten bei ihren ersten Untersuchungen 1982 zunächst herausfinden, ob der Fötus überhaupt hört. Bis vor einigen Jahren war die Frage noch heftig umstritten, heute zweifelt niemand mehr daran. Von der 26. Woche an reagiert das ungeborene Kind auf Geräusche von außerhalb. Sind sie sehr laut, so zeigte sich, macht schon der 22 bis 24 Wochen alte Fötus Schreckbewegungen – mit den Beinen, den Armen, dem ganzen Rumpf.

Damit wußte man immer noch nicht, welche Geräusche überhaupt an das Ohr des Fötus gelangen. Ein in den Mutterleib eingeführtes Mikrophon (während des Geburtsvorgangs zum Beispiel gekoppelt mit einem Wehendruckmesser) erweist, daß da drinnen ein ziemlicher Lärm herrscht – Darmgeräusche und das Pulsieren des Herzens sowie großer Blutgefäße. Andere Geräusche jedoch, Stimmen und Musik von »draußen« kommen – vor allem in hohen Tonlagen – eher gedämpft, wenn auch relativ unverzerrt an.

In ihren folgenden Beobachtungsreihen versuchten die Forscher zu erkunden, was von all dem Geräusch-»Salat« die Aufmerksamkeit des Ungeborenen erregt. Die permanenten turbulenten Geräusche im Mutterleib helfen zweifellos, schon im Frühstadium des Daseins eine gewisse Hörfähigkeit zu entwickeln. Nur was dauernd benutzt wird, kann sich zur Reife entfalten. Das gilt ebenso für alle Sinnesorgane wie für die dazugehörigen Hirnstrukturen: Sie vervielfältigen, verfeinern und stabilisieren sich, wenn ausreichend Reize – Stimuli – und damit Benutzung »angeboten« werden. Andererseits erregt die ständige, relativ gleichförmige Geräuschkulisse später kaum noch die Aufmerksamkeit. Wahrscheinlich schaltet der »ältere« Fötus sie mehr oder weniger ab.

Vielleicht wird er damit empfänglicher für das, was von draußen zu ihm dringt. In vielen langwierigen Tests untersuchten die Pariser Forscher, bei welcher Lautstärke die noch Ungeborenen reagieren, ob Geräusche, Töne und Stimmen unterschiedliche Wirkungen hervorriefen, wie laut oder leise, tief oder hoch sie sein mußten, um Interesse beim Fötus zu wecken.

Die future maman Sophie bekommt zunächst einen Kopfhörer. Ihre eigenen Hörerlebnisse sollen das Baby nicht indirekt (zum Beispiel über ihren Herzrhythmus) beeinflussen. Dann beginnt das Warten vor dem Ultraschallbildschirm, bis der kleine Alain in dem für die Wissenschaftler »brauchbaren« Stadium, dem Tiefschlaf, ist. Denn nur, wenn seine Bewegungsreaktionen ausgeschaltet sind und sein Herzrhythmus sich beruhigt hat, läßt sich ein einigermaßen unverfälschtes Forschungsergebnis erzielen. Andere Untersuchungsreihen dagegen machen sich den »Aktivschlaf« des Kindes zunutze: Wenn es darum geht, nicht nur die Pulsveränderung, sondern auch seine Bewegungen als Antwort auf bestimmte Hörreize zu studieren.

Normalerweise dauern die Schlaf-Wach-Zyklen des Fötus in den letzten Wochen etwa anderthalb Stunden. Wissenschaftler beobachteten vier unterschiedliche Stadien: Der gesamte Schlaf nimmt 80 bis 90 Prozent der Zeit ein, ähnlich wie beim Neugeborenen. 40 Prozent davon sind »ruhiger (tiefer) Schlaf«, in dem sich der Fötus nicht rührt; 60 Prozent sind »aktiver Schlaf« mit vielen Bewegungen. Ein »aktives Wachsein«, das ebenfalls sehr bewegt ist, dauert etwa 15 bis 20 Prozent des Zyklus; und schließlich das »ruhige Wachsein«, für das nicht mehr als fünf Prozent verbleiben – beim Neugeborenen ist es das Stadium, das alle sozialen Kontakte begünstigt.

Inzwischen, fast 30 Minuten sind vergangen, ist der kleine Alain soweit: Er schläft ruhig. Sein Herz schlägt gleichmäßig. Über dem Bauch der Mutter wird ein Gerät angebracht, das den Mutterleib direkt beschallt. Am Bildschirm beobachtet Lecanuet, ob und wann der Fötus mit Bewegungen und mit einer Veränderung seines Herzrhythmus reagiert.

Bei den Untersuchungen, die alle nach dem gleichen Muster ablaufen, kam im Laufe der Jahre Erstaunliches zutage. Zunächst noch relativ banal: Der Fötus reagiert mit Bewegung und einem beschleunigten Herzrhythmus auf laute Außengeräusche von etwa 105 Dezibel an. Anders ist seine Reaktion auf leisere, vor allem rhythmische Geräusche und Stimmen mit einer Lautstärke um 85 bis 90 Dezibel. Sein Herzrhythmus wird nicht schneller, im Gegenteil, er verlangsamt sich, eine Reaktion, die auch Neugeborene zeigen. Es ist, als hielte er inne, um zu lauschen, im Zustand höchster Aufmerksamkeit. Vieles deutet darauf hin, daß sowohl für den Fötus als auch für das gerade zur Welt gekommene Baby schon die gleiche Grundregel gilt wie für das größere Kind und den Erwachsenen: Überraschung und Erschrecken beschleunigen, Aufmerksamkeit verlangsamt den Herzrhythmus.

Im weiteren Verlauf zeigte sich dann, daß der Knirps sogar schon Wochen vor der Geburt Stimmen unterscheiden kann, daß er die der Mutter am besten wahrnimmt (weil sie sowohl von innen wie von außen übertragen wird). Das Kind scheint sie zudem auch zu bevorzugen. Das erwiesen Beobachtungen an Neugeborenen. Sie bekamen über einen Lautsprecher, der mit einem Sauger verbunden war, verschiedene Stimmen vorgespielt. Die der Mutter veranlaßte sie zu besonders heftigem Nuckeln. Der amerikanische Forscher Anthony J. DeCasper von der Universität South Carolina ging noch weiter: Er ließ Schwangere in den letzten Wochen vor ihrer Niederkunft ihrem ungeborenen Kind täglich eine bestimmte Geschichte vorlesen. Unmittelbar nach der Geburt machte auch er den »Saugertest« mit verschiedenen Geschichten und Stimmen: Die Babys zeigten eine Vorliebe für die von der Mutter vorgetragene, bereits aus dem Mutterleib bekannte Geschichte.

Sie können jedoch noch mehr. Seit einigen Jahren untersucht Josiane Bertoncini, eine Pariser Kollegin von Jean-Pierre Lecanuet, Neugeborene in den allerersten Tagen ihres Erdendaseins. Sie fand – wieder mit dem »nichtnutritiven« (nicht Nahrung spendenden) Sauger – heraus, daß sie mühelos nicht nur die Mutterstimme, sondern auch die Muttersprache aus anderen Sprachen herauskannten und mit eifrigem Nuckeln bevorzugten. Auf der anderen Seite ließen fremde Sprachen sie völlig »kalt«. Ergänzend zur Untersuchung des Amerikaners DeCasper entdeckte sie auch, daß beim Wiedererkennen der Mutterstimme die Sprachmelodie eine wichtige Rolle spielt: Ließ man die Mutter einen Text von hinten nach vorn lesen, eine monotone sinnlose Wortfolge also, so reagierten die Kinder nicht. Woher, wenn nicht aus der Erfahrung der im Mutterleib verbrachten Wochen, kann ein Kind unmittelbar nach der Geburt solche Vorlieben und Unterscheidungen nehmen?

Seine Unterscheidungsfähigkeit ist noch subtiler: Lecanuet beobachtete in einer die Geduld der Forscher und Mütter strapazierenden Untersuchung, daß ein Fötus in den letzten Wochen sogar einzelne Silbenfolgen wiedererkennt und auf Änderungen reagiert. Mit dem Beschallungsgerät spielte man ihm mehrmals die Silbenfolge »bi-ba« vor. Das Kind reagierte auf den Beginn des Versuchs mit verlangsamtem Herzrhythmus. Es »spitzte die Ohren«. Dann, nach einigen Wiederholungen »bi-ba bi-ba bi-ba bi-ba«, ließ seine Aufmerksamkeit nach. Es reagierte nicht mehr. Plötzlich kam über den Lautsprecher »ba-bi«. Wie verdutzt über die unerwartete Umkehrung zeigte das Kind wieder eine Veränderung des Herzrhythmus. Der Versuch rief noch ein paarmal ähnliche Reaktionen hervor. Dann schien er – egal, ob »bi-ba« oder »ba-bi« – nur noch Langeweile zu produzieren. Der Fötus hatte genug. Er hatte sich an die Silbenfolgen und sogar an die Veränderungen gewöhnt. »Habituation« (Gewöhnung) nennen die Forscher das. Sie sehen darin ein erstes Lernverhalten. Erfahrungen beziehungsweise Erinnerungen werden offenbar gespeichert – zumindest über eine kurze Frist.

Auch andere Wahrnehmungssysteme – das »taktile« (Berührungs-) und das »Gleichgewichts-System« – entwickeln sich erstaunlich früh. Als »System« bezeichnen die Wissenschaftler das Sinnesorgan mit den dazugehörigen Hirnbereichen, welche die Botschaften verarbeiten. Beide – das Sinnesorgan und der Hirnbereich – können schon »funktionieren«, das heißt ihre Arbeit aufnehmen, lange bevor sie wirklich reif sind. Dieses frühe Funktionieren ist sogar unabdingbar, um die Entwicklung voranzutreiben und das Gehirn zu strukturieren. Das Überraschende bei diesem Entwicklungsprozeß ist, daß ein System, wie zum Beispiel das Gleichgewichtssystem, gleichzeitig nicht nur sich selber, sondern auch die anderen strukturieren hilft. Das bleibt auch nach der Geburt noch eine ganze Zeit lang so. Verstehen wir jetzt, warum Babys und Kleinkinder andere Voraussetzungen zum »Lernen« brauchen als größere Kinder und Erwachsene?

So groß unser Erstaunen angesichts dieser Erkenntnisse sein mag – schließlich galt noch vor wenigen Jahren sogar das Neugeborene als »unbeschriebenes Blatt« –, so zurückhaltend gehen die Forscher selber damit um. Ihr Wissen sei noch zu unvollständig, meinen sie, um zuverlässige Rückschlüsse auf das wirkliche Erleben des Fötus in seiner engen Welt zu erlauben. Merkwürdige Spekulationen konnten jedoch nicht verhindert werden.

Wenn der Fötus alle diese beschriebenen Fähigkeiten zeigt, dann müßten sie sich doch auch erzieherisch nutzen lassen, dachten einige Pseudopädagogen oder -psychologen. Im Land der unbegrenzten Möglichkeiten wurde nach den »better babys« der »Superfötus« präsentiert. Man mag seinen Ohren nicht trauen: In Kalifornien beansprucht eine »Universität für Ungeborene«, die Noch-nicht-Babys so »performant«, so leistungsfähig zu machen, daß sie später alle pränatal ungeschulten Nuckelkollegen überflügeln. Sie sollen intelligenter, wacher, lernfähiger sein. Einige der vorgeburtlichen Lernprogramme, die bereits die Grenzen des amerikanischen Kontinents überflogen haben und vor allem im babyfreundlichen Frankreich eifrige Adepten finden, triezen die hilflosen Winzlinge in einer Weise, daß ihnen eher Hören und Sehen vergehen muß.

Die Unterrichtsangebote werden häufig über eine Art Walkman vermittelt. Die Schwangere schnallt ihn sich um den Leib und braucht nur die gewünschte Kassette einzulegen. Einige bombardieren den Fötus geradezu mit den abenteuerlichsten Geräuschen: Raketen- oder Meteoriteneinschläge wie aus Science-fiction-Filmen. Rauschen, Pfeifen, Straßenlärm, Glockengebimmel, Kinderchöre und dazwischen weise Männerstimmen, die artige Kinderverse rezitieren. Ungefähr alles, worauf man nie kommen würde, soll das wehrlose Ungeborene zu vorzeitigen Höchstleistungen stimulieren. Besonders beliebt in Frankreich: Englischkurse für den Superfötus. Die Eltern glauben felsenfest, das mehrmals am Tag angewandte Beschallungsprogramm würde ihrem Kind einen Vorsprung vor anderen einräumen.

Kinderpsychologen und -ärzte warnen ebenso wie Gynäkologen vor möglichen Gefahren für das Kind. Man riskiere, daß es bei Überstimulation später nervös, zappelig und ängstlich werde. Andere meinen, der zu heftige und häufige Geräusch-»Beschuß« könne auch das Gegenteil des gewünschten Effekts hervorrufen.

Der »genervte« Fötus schaltet bei Reizüberangebot einfach ab: seine einzige Möglichkeit, sich zu schützen. Er wird nicht sensibler, sondern unsensibler für das auf ihn Einstürmende.

Alles, was die Wissenschaften der letzten Jahre über die Entwicklung des Kindes in den ersten Monaten zusammengetragen haben, deutet darauf hin, daß es sich bei den pränatalen ebenso wie bei den Baby-»Schulen« um ein gewaltiges Mißverständnis handelt. Je früher im Leben eines Babys oder Kleinkinds wir Verfahrensweisen, auch Lernverhalten beobachten, desto deutlicher zeigt sich, wie intensiv stets alle seine »Antennen«, alle seine Wahrnehmungssysteme im Spiel sind. Es lernt nichts über die Stimulierung eines Sinns. Im Gegenteil, die Überbeanspruchung eines einzigen »Kanals« führt, wie wir es zuvor bereits erwähnt haben, dazu, daß das Kind auf der anderen Seite Mangel, Deprivation erleidet. Seine Lernfähigkeit wird nicht gefördert, sondern geschädigt. Sprache wird nicht nur durch Sprechen gelernt, sondern über eine ganze Choreographie gestischer, mimischer, sprachlich melodischer, zärtlich-feinfühliger Interaktionen zwischen Mutter und Kind. Sehen lernt das Baby nicht nur durch visuelle Reize, hören nicht nur durch auditive Stimulation und fühlen nicht nur durch Anfassen und Berührung. Immer ist ein Zusammenspiel der Sinne erforderlich. Ein Kleinkind, ein Baby und erst recht ein Fötus »lernen« in einer ganz anderen Weise als ein älteres Kind oder ein Erwachsener.

Der Wissenschaftler Lecanuet weist darauf hin, daß

vor allem beim Fötus Sinneswahrnehmungen völlig anders »verarbeitet« werden als später. Das Gehirn funktioniert noch in einer Art »Synästhesie«. Das heißt, bestimmte Wahrnehmungen, zum Beispiel Hörreize, können als taktile (Berührungs-)Reize empfunden und in Bewegung übersetzt – »kodiert« – werden. Ein Phänomen, das sich ganz ähnlich auch bei Babys und Kleinkindern beobachten läßt: Sie spielen ungestört weiter, wenn das Licht ausgeht. Sie »sehen«, indem sie fühlen, und umgekehrt. Anders ausgedrückt, sie können mit den Händen sehen und mit den Augen fühlen. Synästhesie erleben auch manche Erwachsene: Zum Beispiel kann ein bestimmter Ton einen Farbreiz auslösen.

Beim Fötus, so nahm Lecanuet an, werden Stimulationen nicht notwendigerweise in dem Sinnessystem verarbeitet – »kodiert« –, das sie aufgenommen hat. Wahrscheinlich gibt es beim Fötus ebenso wie beim Baby noch viel mehr »Querverbindungen« im Großhirn (Cortex) als beim Erwachsenen. »Wir wissen überhaupt noch viel zu wenig über alle diese Vorgänge und über das ›Bewußtsein‹ des Fötus, als daß wir da eingreifen sollten. Vielleicht ist es gefährlich für seine Entwicklung, vielleicht auch nicht. Es hat sicher einen Sinn, daß er in einem geschützten Raum heranreift. Warum ihn mit Dingen stören«, erklärt der Wissenschaftler, »für die er noch gar nicht bereit ist.«

Diese Warnung vor möglichen Störungen stützt der amerikanische Forscher Robert Lickliter mit Beobachtungen bei Tieren. Er hat herausgefunden, daß einige Vogelbabys sich in ihrem Verhalten fehlentwickeln, wenn man sie bei vorzeitig aufgebrochener Eischale Lichtreizen aussetzt. Obwohl sie sich körperlich normal entwickeln, sind sie später nicht fähig, den Erkennungsschrei ihrer Art zu identifizieren.[10] Auch hier wieder: Eine bestimmte Sinneswahrnehmung – Sehen – wird in einem anderen sensorischen System – Hören – verarbeitet.

Eine konkrete Gefahr sieht Lecanuet jedoch noch auf einer ganz anderen Ebene: Für ihn grenzen die massiven pränatalen Lernprogramme an Vergewaltigung. »Man spricht heute oft vom Fötus als einer Person. Diese Kontrolle über ein noch ungeborenes Kind, die Eingriffe in seine geschützte Welt sind jedoch das Gegenteil von dem, was man sich mit einer ›Person‹ erlauben würde.« Das Kind ist noch unsichtbar, also glaube man, alles mit ihm machen zu können. Hätten sie es face à face vor sich, könnten sie seine Reaktionen beobachten, sein Weinen, seine Mimik, seine Gesten, sein Zurückschrecken. Sicher würden sie dann intuitiv darauf eingehen und die Signale respektieren. Der Fötus jedoch kann weder durch Schreien noch durch Mimik zu verstehen geben: Halt, es reicht, ich will in Ruhe gelassen werden!

Genauso gefährlich aus der Sicht des Psychologen: Die Eltern entwickeln eine unrealistische Erwartung. »Was ist, wenn es einfach ein ganz normales Baby wird?« Enttäuschung werde fast vorprogrammiert und damit eine angespannte, keineswegs harmonische Eltern-Kind-Beziehung. Solange wir überhaupt nicht wissen, welche späteren Folgen so massive Eingriffe haben, empfiehlt der französische Wissenschaftler den allzu ehrgeizigen Eltern und Pädagogen: »Wir sollten die Kinder respektieren und sie nicht verrückt machen.«

Wenn Eltern glauben, das Kind müsse so funktionieren wie sie selber

Wir alle haben die Neigung anzunehmen, andere Menschen »funktionierten« ähnlich wie wir. Frühaufsteher können kaum begreifen, daß andere gern bis mittags schlafen, echte Bonvivants halten es für unglaublich, daß andere mit einem Salat zufrieden sind, wenn sie in Braten, Soßen und üppigen Desserts schwelgen. Dem ungeduldig Schnellen ist die Langsamkeit des anderen ein Rätsel.

Warum sollten wir davon ausgehen, unsere Kinder hätten andere Wünsche und Bedürfnisse als wir? Zumal wenn diese Annahme uns auch noch in den Kram paßt. Das Kind soll diszipliniert sein wie wir oder eher noch mehr als wir. Es soll regelmäßig um sieben oder acht ins Bett gehen. Tun wir das vielleicht? Es soll zu festen Zeiten eine für jede Mahlzeit vorbestimmte Menge essen. Gönnen wir uns nicht ganz andere Freiheiten? Es soll sein Zimmer peinlich genau aufräumen, wo es doch mit einem Spiel noch gar nicht zu Ende ist. Als würden wir mitten in einem spannenden Film den Fernseher ausschalten, nur weil »die Zeit gekommen ist«.

Dies mag eine Karikatur sein, wahr ist jedoch, daß wir von Kindern häufig Verhaltensweisen fordern oder erwarten, deren Voraussetzung ist, daß sie kleine, noch nicht ganz fertige Erwachsene sind. Wir haben im Vorangegangenen jedoch gezeigt, daß dem nicht so ist.

Besonders häufig, das haben die Psychologen Karin und Klaus Großmann mehrfach untersucht,[11] verlangen Eltern zu früh und zuviel Unabhängigkeit und Selbständigkeit von ihren Kindern. Das kann seine Ursache in der Persönlichkeit der Eltern haben, zum Beispiel als Folge ihrer eigenen Kindheitserfahrungen oder auch in einer kulturbedingten, also vom soziokulturellen Umfeld geweckten Erwartung. Nach dem Muster: Wenn alle meine Nachbarn von ihren einjährigen Lauras, Luises und Daniels verlangen, daß sie sich allein in ihrem Zimmer beschäftigen, während Mama in der Küche das Mittagessen bereitet oder mal eben kurz einkaufen oder zur Freundin nebenan geht, dann muß mein Hänschen das doch auch können. Muß er gar nicht. Weil es seiner Entwicklung vielleicht gar nicht guttut und sich die Mutter bald wundern mag, daß der Kleine so lustlos wirkt und sein strahlendes Lächeln immer seltener sein Gesicht erhellt.

Das Baby, das noch nicht sprechen und noch nicht allein laufen kann, sitzt in seinem Ställchen und beobachtet die Mutter, während sie die Wohnung saubermacht. Solange sie im Zimmer ist und gelegentlich zu ihm herübersieht, spielt es zufrieden. Nimmt kleine Plastikwürfel und steckt sie in eine Dose, öffnet und schließt diese. Versucht, andere, größere Spielzeuge hineinzustecken, was mißlingt. Fragend sieht es zur Mutter. Die ist zu beschäftigt, um noch Notiz von ihm zu nehmen. Sie geht hinaus, weil sie nun anderswo in der Wohnung etwas zu tun hat. Der Kleine im Ställchen greift nach neuen Gegenständen, schüttelt sie, untersucht sie, wirft sie weg. Jetzt nimmt er ein Stofftier und wirft es aus dem Ställchen. Dann ein Klötzchen. Dann andere Gegenstände. Er lauscht ihrem Aufprall und schaut zur Tür, ob wohl die Mutter wiederkommt. Jedesmal, bevor er ein anderes Spielzeug herauswirft, wartet er einen Moment. Die Mutter ist an der Tür mit dem Staubsauger zugange, er kann sie sehen. Sie reagiert nicht.

Da, plötzlich knallt ein Holzwürfel auf die Glasplatte des Couchtischs. Sie sieht auf. »Nein, nein, nicht!« schimpft sie. »Nicht werfen.« Der Kleine in seinem Stall schüttelt imitierend den Kopf. Er strahlt. Er pfeffert einen großen Plastikhund mit Rädern aufs Parkett und das leere Fläschchen hinterher. Die Mutter unterbricht ihre Arbeit. »Jetzt ist aber Schluß, nein, nein«, droht sie, »sonst muß Janni ins Bett.« Jan beginnt zu weinen und, als die Mutter erneut hinausgeht, zu schreien. Der jungen Frau reißt der Geduldsfaden. Sie packt den Kleinen, der zwischen Freude und Erschrecken aufblickt, und mit einem kräftigen Klaps auf den Po steckt sie ihn nebenan in sein Bettchen. »Jetzt hab' ich genug!« Tür zu. Klappe zu, Affe tot.

Jan, elf Monate alt, ist von seiner Mutter gründlich mißverstanden worden. Er war zunächst ganz zufrieden und wollte eigentlich nur gelegentlich Kontakt. »Da, schau her, was ich gemacht hab'!« Und dann: »Wieso paßt mein Entchen oder der Ball nicht in den Becher?« »Mama, guck mal, hör mal.« Vielleicht hätte er auch sagen wollen: »Mama, ich mag nicht, wenn du rausgehst. Du bist dann einfach weg. Ich weiß nicht, wo. Und weiß nicht, ob du überhaupt wiederkommst.« Oder: »Nimm mich doch mit, wenn du in einem anderen Zimmer zu tun hast.« Jan kann das alles noch nicht ausdrücken. Und so klar sind weder die Fragen noch die Aufforderungen in seinem Kopf. Eigentlich braucht er die Kommunikation mit der Mutter, ihren Blick, ihre Mimik, ihre Körpersprache und auch ihre Worte, um seine eigenen Wünsche besser finden zu können. Er hatte sich gefreut, als sie ihn angesehen, und sogar, als sie geschimpft hatte. Endlich hatte er ihre Aufmerksamkeit auf sich lenken können!

Jans Mutter hat einfach zuviel von ihm erwartet und falsch eingeschätzt, was seiner Entwicklung in diesem Alter angemessen ist. Es ist nicht ein Mangel, sondern ein Fortschritt in dieser Entwicklung, daß er in einem Stadium, in dem er gerade eben in der Lage ist, sich selber frei im Raum herumbewegen zu können, zu krabbeln und die ersten Schritte zu machen, sich in ständiger Kommunikation um die Nähe der Mutter bemüht. Seine Vorstellung von plötzlich nicht mehr sichtbaren Dingen und Personen ist noch nicht stabil genug, als daß er nicht Angst haben müßte, sie seien nun ganz und gar verschwunden. Das gilt auch für die Mutter. Darum braucht er immer und immer wieder die liebevolle Rückversicherung ihrer körperlichen Nähe.

»Das ›Alleine-spielen-Können‹ und die Anfänge der

aus der Enge einer Zweierbeziehung herausführenden sachlich distanzierten Auseinandersetzung mit den übrigen Dingen dieser Welt mögen gut gemeint sein und sich in Übereinstimmung mit den kulturellen Erwartungen befinden«,[12] erklärt Klaus Großmann. Er warnt aber: Sie verunsichern das Kind jedoch, »wenn plötzlich seine Bedürfnisse nach Liebe und Nähe allzusehr in den Hintergrund abgedrängt werden«.

Für das Kind ebenso wie für einen anderen Erwachsenen ist es fast unmöglich zu unterscheiden: Will die Mutter einfach nur, daß es sich wie ein »Großer« benimmt, oder lehnt sie es in Wahrheit ab. »Mag sie mich nicht?« fragt sich vielleicht das so auf sich selbst verwiesene Kind.

Solche Situationen müssen Mißverständnisse wecken. »Es handelt sich um mehr oder weniger versteckte Verhaltensmuster, die mit den individuellen kindlichen Intentionen nicht vereinbar sind. Manchmal wird das schmusebedürftige, nach körperlicher Nähe suchende Kind beschimpft und zurückgestoßen. Weniger offensichtlich und schwieriger zu erkennen ist das freundlich gezielte Übersehen solcher kindlicher Zeichen durch die Eltern. Und erst recht das ständig gezielte Mißverstehen solcher Signale durch das Bemühen, die Aufmerksamkeit des Kindes auf andere Dinge umzuorientieren.«[13] Vielleicht reagieren Eltern so, weil sie körperlichen Kontakt als unangenehm empfinden und vermeiden wollen.

Die Konsequenzen solcher das Kind zurückweisender Forderungen oder Reaktionen sollten uns zu denken geben. Die Beobachtungen von Klaus Großmann ergaben: »Solche Kinder reagieren dann ... bei milder Belastung, zum Beispiel in einem ihnen unbekannten Spielzimmer nach zweimaliger kurzer Trennung von ihren Müttern und Vätern, indem sie die Wiederaufnahme des Kontakts mit den Eltern vermeiden ...«[14] Ein Kind, das sich sicher und geborgen bei der Mutter fühlt, verhält sich in der gleichen Situation ganz anders: Bei ihrer Rückkehr sucht es sofort körperliche Nähe. Es möchte kurz schmusen, bevor es weiterspielt.

Erreicht wird durch die allzu frühen Erwartungen an das Kind und die ständigen Belehrungen, wie es zu sein hätte, keine größere Reife, sondern eher das Gegenteil: eine emotionale und soziale Verarmung. »Der kindliche Ausdruck von Gesicht, Stimme und Gestik« zeige dann, beschreibt Großmann, »deutlich eine Verminderung, manchmal sogar den Abbruch der Kommunikation«.

Eltern werden sich angesichts dieser Erkenntnisse vielleicht ein bißchen verzweifelt fragen: »Wie sollen wir es eigentlich richtig machen? Die Freunde sagen dies, die Psychologen das und außerdem ist jedes Kind anders ...« Die beste Richtschnur ist für sie nicht irgendein Rat eines Außenstehenden, sondern die Beobachtung der Signale ihres Kindes. Wenn wir uns Zeit und die innere Ruhe nehmen, es wirklich zu sehen, zu hören und zu fühlen, also seine ganze Körpersprache miteinzubeziehen, dann erfahren wir von ihm selber genau, was es braucht und was zu welchem Zeitpunkt richtig ist.

Genau das nämlich – feinfühlig auf das Kind einzugehen und es emotional bei allen seinen kleinen Unternehmungen zu unterstützen – ist nach der Untersuchung eines Psychologenteams der Universität Regensburg die wichtigste Voraussetzung für »1. größere Fortschritte bezüglich der intellektuellen Kompetenz, 2. aktiveren und kreativeren Umgang mit schwierigen Aufgaben, 3. weniger emotionale Belastung in einer anstrengenden Aufgabensituation«. Dem steht gegenüber, daß mangelnde mütterliche Feinfühligkeit und Unterstützung sowie ein allzu einschränkendes, also auch zuviel Disziplin forderndes Verhalten der Eltern ein »weniger gut integriertes und weniger kohärentes ›Inner Working Model‹ (Inneres Arbeitsmodell)« beim Kind erzeugen: Es »wird mehr Aufmerksamkeit benötigt, um die mit einer herausfordernden Situation verbundenen negativen Gefühle unter Kontrolle zu halten. Kinder, deren ›Inner Working Model‹ gut integriert und kohärent ist, zeigen weniger negative Gefühle und weniger Furcht davor, die Kontrolle über die Gefühle zu verlieren, und können deshalb größere Aufmerksamkeit der Aufgabe widmen.«[15]

Mit anderen Worten, wir befreien unser Kind innerlich und auch nach außen bei allen seinen Aktivitäten, wenn wir unseren Ehrgeiz und unsere Erwachsenen-Vorstellungen von allem, was es schon können müßte oder bald lernen sollte, vergessen und die auf diese Weise gewonnene Energie (denn der unangebrachte Ehrgeiz »frißt« geradezu unsere Kräfte auf) in eine liebevolle, dem Kind zugewandte Aufmerksamkeit investieren. So manches Mißverständnis und viel Streß werden wie von selber aus der Eltern-Kind-Beziehung verschwinden.

Keine Angst vor Verwöhnung. Ein Kind hat viel zu sehr den Drang, »groß« zu werden – mit allem, was das beinhaltet –, als daß wir fürchten müßten, es würde ihm gefallen, ewig ein Kleinkind zu bleiben. Wenn es solche Wünsche zeigt, dann gibt es dafür besondere Gründe, die einer besonderen Aufmerksamkeit bedürfen. Normal ist, daß ein Kind es als »Aufstieg« empfindet, selbständig zu werden. Wenn wir es jedoch zu früh in diese Selbständigkeit drängen, ohne daß es die dazu notwendige Reife erreicht hat, dann erreichen wir das Gegenteil unserer Ziele.[16] Und vergessen wir nicht, was wir leider oft gar nicht in Betracht ziehen: Jedes Kind versucht grundsätzlich, seinen Eltern zu gefallen und sie zu imitieren. Viele unserer Sorgen um »Erziehung« sind überflüssig. Vorausgesetzt allerdings, unser eigenes Verhalten gegenüber den übrigen Familienmitgliedern sowie gegenüber Freunden oder Fremden kann dem Kind als positives Modell dienen.

5 Unsichere Eltern trauen ihren eigenen Augen, Ohren und Gefühlen nicht

Daniel, noch keine drei Wochen alt, liegt in seiner Wiege und schläft. Vor einer Stunde hat er sein Fläschchen und frische Windeln bekommen. Die Mutter betrachtet ihn verliebt und lauscht seinem gleichmäßig ruhigen Atem. Sie kann sich jetzt unbesorgt ihren Essensvorbereitungen in der Küche nebenan widmen. Da horcht sie auf. Durch die offene Tür hört sie Daniel leise greinen, nur kurz, dann nach einer Pause wieder. Er scheint sich unruhig zu bewegen. Sie geht sofort zu ihm, streicht über seine Wange. Das Baby nimmt keine Notiz von ihr. Es macht ausladende Bewegungen, mal mit einem Arm, dann mit den Beinen. Die Mutter spricht mit ihm, streichelt ihn wieder und wieder, nimmt sein Händchen. Der Kleine weint nun ein bißchen mehr. Da nimmt sie ihn hoch. Er läßt sich mißgelaunt herumtragen und will nicht wieder einschlafen, als sie versucht, ihn in die Wiege zurückzulegen. Nun weint er richtig, laut und schrecklich ausdauernd. Ob er schon wieder Hunger hat oder ob er naß ist, fragt sich die Mutter beunruhigt. Nichts von beidem. Sie weiß nicht, daß sie ihr Kind geweckt hat. In ihrer Unsicherheit und Besorgtheit um ihr erstes Kind hat sie es in einer für Neugeborene und kleine Babys typischen Schlafphase einfach gestört: dem sogenannten »aktiven Schlaf«, Mitbringsel aus der Fötalzeit. Er löst, wie beim Erwachsenen der REM-Schlaf (REM = Rapid Eye Movement), die Tiefschlafphase ab. Nur anders als beim Erwachsenen und größeren Kind, wo im REM-Schlaf alle Bewegungen blockiert sind, kann ein wenige Tage und Wochen alter Säugling dabei ziemlich unruhige Strampelbewegungen machen. Und auch ein bißchen weinen oder besser: ein bißchen vor sich hin »gnattern«. Weckt man ihn auf, ist sein ohnehin noch nicht richtig etablierter Schlaf-Wach-Rhythmus gestört. Wiederholen sich solche Störungen häufig, wird er monatelang Mühe haben, sein inneres Gleichgewicht, seine Homöostase, zu finden. Für viele Kinder ist das auch ohne äußere Störungen nicht leicht. In der Regel dauert es ein paar Wochen, bis das Baby es schafft, sich selber zu regulieren. Je weniger nervös Eltern in dieser Phase reagieren, desto leichter machen sie es dem Kind.

Falsch verstandene Schlaf- und Eßbedürfnisse

Leider versuchen Erwachsene oft dem Kind Regeln aufzuzwingen – egal, ob es um Schlafen oder Essen geht. Der Grund ist entweder, daß sie es praktischer finden oder daß sie unsicher sind und nichts falsch machen wollen. So viel Neues und Unbekanntes bricht über sie herein. Und

Nachbarn wie Freunde sparen nicht gerade mit Ratschlägen. Man sollte sie ihnen nicht verübeln, denn sie zeigen schließlich ihr Interesse. Nur, folgen sollte ihnen eine junge Mutter während der ersten Lebenswochen ihres Babys lieber nicht – es sei denn, sie sind für sie eine ganz offensichtliche Hilfe. Niemals ist es wichtiger als in dieser Zeit, daß sie sich ihrer Intuition, ihren Gefühlen für das Baby, ihren feinen Wahrnehmungen seiner Signale überläßt. Mütter, wir haben das oben schon erwähnt, und auch Väter sind von Beginn an mit allem ausgestattet, was sie brauchen, um ein Baby angemessen zu versorgen. Je weniger sie sich reinreden lassen, desto besser machen sie es.

Ein Hamburger Geburtshelfer klagte kürzlich, daß so unbegreiflich viele Mütter Schwierigkeiten beim Stillen hätten. Wenn man den Problemen auf den Grund geht, kommt häufig zutage, daß dieser intime, hochsensible Nahrungs- und Zärtlichkeitsaustausch dauernd von außen gestört wird: schon in der Klinik durch starre Zeitregelungen, später durch häusliche oder berufliche Verpflichtungen der Mutter, durch einen allzu anspruchsvollen und vielleicht eifersüchtigen Ehemann, durch den Streß der tausend Ratschläge, wie jedesmal die Brust zu desinfizieren oder umständlich zu reinigen sei, wie schnell das Stillen in Gang kommen müsse, daß das Kind vorher und hinterher zu wiegen sei, wie oft und wann man es anlegen dürfe.

Ein natürlicher Vorgang, der eigentlich auf ein zunächst noch unregelmäßiges und häufiges Bedürfnis des Kindes geradezu eingestellt ist, der in aller Ruhe und zum Vergnügen beider Kommunikationspartner genossen werden sollte (denn Stillen ist Kommunikation), wird so schon gestört, bevor er überhaupt Zeit hatte, sich zu entwickeln. Je unsicherer die Mütter dabei werden, desto weniger können sie die Botschaften ihres Kindes entziffern. Entweder klammern sie sich jetzt an die angeblich bewährten Regeln, feste Zeiten einzuhalten, egal, wie hungrig, satt, müde oder munter ihr Baby ist. Oder sie machen es wie die Mutter Daniels, reagieren auf jedes Piepsen ihres Kindes und beantworten es, indem sie ihm die Brust oder ein Fläschchen in den Mund stopfen. Das inzwischen völlig nervöse Kind versucht verzweifelt, nur noch eine Nachricht zu übermitteln: »Bitte, laßt mich doch endlich in Ruhe. Ich muß meinen eigenen Schlaf-, Wach- und Eßrhythmus selber herausfinden. Eigentlich zeige ich euch doch, wann ich müde oder munter bin oder wann ich wirklich Hunger habe.« Es hat recht.

Schon das Baby gibt genaue Signale

Mechthild Papoušek beobachtete in Video-Mikroanalysen, daß Babys in der Lage sind, den Eltern erstaunlich genaue Signale über ihre Befindlichkeit zu geben. Und daß diese auch von Eltern verstanden werden – vorausgesetzt, sie trauen sich selber und lassen sich nicht von »außen« verunsichern. »Allein aus Tonus und Haltung der Händchen gewinnen sie wichtige Aufschlüsse«, schreibt M. Papoušek.[17] »So teilt ein Neugeborenes in einer unbekannten Situation wie beim ersten Bad seine angespannte Aufmerksamkeit in seinen fest geschlossenen Fäustchen mit, während sich nach dem Vertrautwerden in derselben Situation seine Entspannung in geöffneten, aufnahmebereiten Händchen äußert.« Die Eltern sehen die Signale jedoch nicht nur, sie fühlen sie auch: »So fiel uns bei der Mikroanalyse früher Interaktionen auf, daß Eltern häufig die Mundregion des Kindes berühren oder mit seinen Händchen spielen, wenn sie sich über den Befindlichkeitszustand des Kindes nicht im klaren sind. Damit können sie unwillkürlich Informationen über seinen Muskeltonus und seine Reaktionsbereitschaft gewinnen. Sie neigen dazu, ... durch leichten Druck auf das Kinn den Mund des Kindes zu öffnen.« Die Reaktion zeigt ihnen, ob das Kind wirklich schläft. Dann nämlich läßt sich sein Mund widerstandslos öffnen. Ist es hungrig, beginnt es mit Saugbewegungen und »sucht«. Ein satter Säugling dagegen, der kontaktbereit ist, schließt den Mund ostentativ, blickt der Mutter oder dem Vater in die Augen und zeigt »sein Interesse mimisch und stimmlich«. Oft spielen die Eltern auch mit den Händchen und suchen die Fäustchen zu öffnen. Auch hier deutet ein schlaffer Tonus Müdigkeit an, die Auslösung eines festen bis krampfhaften Greifreflexes erhöhte Spannung und ein aktives Fingerspiel die günstigste Zeit für einen Dialog.

Ohne jemals ein Buch oder ein Magazin über Babys gelesen zu haben, verstehen Eltern diese »stumme« Sprache und reagieren in Bruchteilen von Sekunden darauf. Ein kluger Kinderarzt wird darum versuchen, das Vertrauen der Eltern in ihre Kompetenz zu stärken. Das beste Mittel, dem Baby einen guten Start in der Familie zu ermöglichen.

Unsichere Eltern – kleine Tyrannen

Das Gegenteil tritt ein, tausend nicht enden wollende Mißverständnisse etablieren sich, wenn Unsicherheit der Eltern und Nervosität des Kindes einen Teufelskreis in Gang bringen. Das Kind versucht verzweifelt herauszufinden, woran es sein Verhalten ausrichten, wie es sich regulieren könnte. Es probiert dies und das und bekommt niemals eine eindeutige Rückmeldung. Die nach und nach erschöpften Eltern schreiben ihm bald alle möglichen böswilligen Intentionen zu: Es sei egoistisch, bockig, kapriziös, kurz, ein echter Tyrann. Es sieht so aus, als ließe er die Puppen tanzen. Und in der Tat, bald merkt dieser kleine Familienfürst, daß er die Eltern wie Marionetten lenken kann. Eine Erfahrung, die ihm, ganz anders, als diese meinen, überhaupt kein Vergnügen macht. Wie soll es sich in diesem verwirrenden Chaos ohne Grenzen und Sicherheit wohl fühlen? Sein ganzer, die Familie in Atemnot versetzender »Zirkus« ist ein einziger Hilferuf: »Bitte zeigt doch endlich ein bißchen Stärke. Seid doch wirklich meine Eltern. Ich brauche Sicherheit und Geborgenheit. Eure Schwäche macht mir angst. Meine Welt ist ein Chaos.«

Der Schweizer Satiriker Franz Hohler hat dieses Familiendrama wie eine Komödie beschrieben. Kurz resümiert, geht sie etwa so: Das Kind, ein Jahr alt, schikaniert seine Eltern. Wenn sie es füttern wollen, schüttelt es den Kopf oder spuckt ihnen ins Gesicht, was sie ihm gerade eingeflößt haben. Am dritten Tag der Weigerung erwartet es die Eltern zum Füttern an dem kleinen Gitter, das sein Zimmer versperrt. Dem Vater, der zufällig gerade den Breiteller trägt, gelingt es, dem Knirps einige Löffel zu verabreichen. Von nun an muß immer er das Kind füttern, und zwar über das Gitter hinweg. Als er einmal in der Eile der Heimkehr vergessen hat, seinen Hut abzulegen, ist das Kind hoch erfreut. Es ißt jetzt nur noch, wenn er den Hut aufbehält. Später gelingt es dem Einjährigen, die Eltern zu immer merkwürdigeren Abwandlungen dieses Fütterungsrituals zu bewegen: Der Vater braucht nun außer dem Hut auch noch einen Regenschirm, zudem darf er das Kind nicht mehr am Gitter, sondern nur noch von draußen, auf einer Leiter stehend, durch das geöffnete Fenster speisen. Wobei die Mutter im Nachthemd auf dem Schrank liegen und das Dienstmädchen bei jedem verabreichten Löffel eine Rassel schütteln muß.[18]

Hier hat eigentlich nur einer gelernt: das Kind. Aber das Gelernte nützt ihm nichts, denn es hilft ihm persönlich in seiner Entwicklung nicht weiter. So wird vermutlich das Kind beim Psychiater landen. Die Erwachsenen sind schnell bei der Hand, es für »reparaturbedürftig« zu erklären. Dabei bräuchten eigentlich die Eltern Hilfe: Sie sind zwar nicht »schuld« am Lauf der Dinge, sie haben das Beste gewollt, aber leider – aus eigener Unsicherheit – nicht gewußt, wie sie es zunächst allen Ratgebern und dann auch noch ihrem Kind recht machen sollten.

Wahrscheinlich haben sie in ihrer eigenen Kindheit so autoritäre Eltern gehabt, daß sie niemals ihre eigenen Bedürfnisse verteidigen, daß sie sich niemals selber in einem gewissen Selbstvertrauen finden konnten. Der Hamburger Kinderpsychiater Elmar Müller begegnet häufig solchen Eltern, die »mit ihrem Latein am Ende sind«. »Wenn eine Mutter sich nicht abgrenzen kann«, erklärt er, »zieht sie sich einen Tyrannen heran. Der wird später wiederum für schwache Kinder sorgen.« So werden Verhaltensstrukturen in einer Art Wechsel von einem Extrem ins andere weitergegeben.

Allerdings: Unsichere Eltern, denen es aus vielen Gründen in ihrer Biographie an Selbstvertrauen mangelt, können nicht über Nacht selbstsicher werden und Sicherheit vermitteln. Sie können aber den Mechanismus, der hier in ihrem persönlichen Familiendrama am Werk ist, durchschauen lernen. Sie können hin und wieder innehalten und erkennen, warum sich ihr Kind so merkwürdig verhält. Sie werden es weniger mißverstehen und sich selber dadurch weniger hilflos fühlen. Und vielleicht schaffen sie es dann mit Hilfe und Stärkung ihres »Ich« durch einen psychologisch geschulten Berater (nicht durch die gutgemeinten oben genannten Ratschläge), das familiäre Verhaltensmuster aufzubrechen.

Die Fähigkeit, sich selber zu regulieren

Um kein Mißverständnis aufkommen zu lassen: Feinfühligkeit gegenüber dem Kind heißt nicht, übervorsichtig sein. Aus solcher Übervorsicht gehen zum Beispiel viele Eltern nur noch auf Zehenspitzen in der Wohnung umher, zwingen ihre Freunde zum Flüstern und wagen kaum noch, eine Tasse auf einen Tisch zu stellen, weil ihr Baby endlich eingeschlafen ist und sie fürchten, daß es wieder aufwacht. Ihre Befürchtung ist in gewisser Weise ganz richtig: Je weniger gewohnte Geräusche nämlich das Kind auf seinem Grenzübergang in den Schlaf begleiten, desto sensibler wird es auf sie lauschen. Babys und auch ältere Kinder schlafen am besten, wenn die ganz normalen vertrauten Familiengeräusche sie umgeben. Die Stimmen der Eltern, leises Geschirrklappern, der auf Zimmerlautstärke laufende Fernseher. Was für die Geräusche gilt, trifft auch auf Licht zu. Darum schlafen Kinder am besten ein, wenn man die Tür zu ihrem Zimmer offenläßt. Manche brauchen sogar noch den Körperkontakt oder leichtes Schaukeln. All dies hat nicht nur einen psychologischen Effekt, weil das Kind spürt, die Eltern sind da. Es ist auch eine sensorische Hülle: All die vertrauten Wahrnehmungen schmiegen sich um es wie eine flauschige Decke. Unser Nervensystem braucht, um sich selber regulieren zu können, ständige Anregung (nicht Aufregung!). Sozusagen etwas, woran es sich halten kann. Der Weg in den Schlaf wird leichter, wenn diese

Anregung zwar ruhiger und gleichmäßiger, nicht aber, wenn sie plötzlich ausgeblendet wird.

Wer sein Kind »feinfühlig« beobachtet, wird das selber schnell herausfinden. Und konstatieren, daß es kompetenter ist, als wir oft wahrhaben wollen. Wir müssen gar nicht so viel regeln und bestimmen, wie wir denken.

Verantwortung muß gelernt werden

Je ängstlicher wir das Kind in seinen Rhythmen und auch in seinen Aktionen eingrenzen, desto weniger lernt es, Verantwortung für sich selber zu übernehmen. Paradoxerweise sind es oft gerade die unsicher eingrenzenden Eltern, die dann plötzlich Unabhängigkeit und Selbständigkeit vom Kind verlangen.

Da ist zum Beispiel die Mutter, die Angst hat, ihr Kind könnte zu viel Unordnung in der Wohnung anrichten. Sie schreibt ihm vor, womit es spielen soll, und schlimmer noch, wie es mit einem Gegenstand spielen soll. Das kleine Plastikeimerchen ist für den Sandkasten gedacht. Lisa soll es nicht umgekippt als Schemel benutzen. Der Kinderstuhl gehört dagegen an den Kindertisch und ist nur zum Sitzen vorgesehen. Michi hatte die kühne Idee, ihn in eine Schubkarre zu verwandeln und ihn auch noch mit allerlei kleineren Gegenständen aus dem Wohnzimmer zu beladen. Solche Zweckentfremdung kann die Mutter nicht dulden. Und erst Messer und Gabeln! Viel zu gefährlich für ein Kleinkind, damit zu hantieren. Benny ist jedoch nicht mehr zwei, sondern bereits vier, und das vor zwei Jahren vielleicht sinnvolle Verbot müßte längst aufgehoben werden, denn natürlich kann er inzwischen vorsichtig und sorgsam mit einem Messer umgehen.

Dies sind Beobachtungen, die ins Endlose fortgesetzt werden könnten. Solche ängstlich einengenden Erziehungsmaßnahmen hindern das Kind nicht nur an seinem Vergnügen und der Entfaltung seiner Phantasie und seinem Erkundungsdrang, sie hindern es auch, Verantwortung zu übernehmen. Sie zwingen es zur Passivität. Und in genau dieser Passivität verlangt man dann von ihm, daß es auch in ungewohnten Situationen allein bleiben und sich allein beschäftigen soll.

Das gleiche gilt für Kinder auf der Straße: Wir sagen ihnen, Autos sind gefährlich, und transportieren sie morgens und mittags, weil es schneller geht, in einem Käfig auf vier Rädern zum Kindergarten oder zur Schule und zurück. Was können sie da begreifen? Natürlich würden sie schnell lernen, welche Gefahren wirklich drohen, wenn wir den Weg oft genug zu Fuß, im Bus oder der U-Bahn mit ihnen machen. Man kann schon einem Kleinkind zeigen, was passiert, wenn ein Auto über ein Papierknäuel fährt, das wir auf die Straße werfen. Die Demonstration wird ihm sicher mehr einleuchten als der Hinweis, Autos seien gefährlich. Um sich im Verkehr sicher bewegen zu können, muß ein Kind schon ausreichend Selbstvertrauen und Verantwortungsbewußtsein entwickelt haben. Wenn es zu Hause ständig reglementiert wird oder, im anderen Extrem, niemand Interesse für seine Fähigkeiten und Fortschritte zeigt, kann es sich draußen – auf der Straße, im Kindergarten, in der Schule – nicht plötzlich selbständig und kompetent zeigen. Man schärft Kindern ein, zu sagen, wann sie abends nach Hause kommen, hält aber als Erwachsener ihnen gegenüber eine solche Rücksichtnahme für überflüssig. Als Jugendliche später werden er oder sie sich anhören müssen, es mangle ihm oder ihr an Initiative. Sie seien unsozial.

Die Eltern, Opfer ihrer eigenen Vorgeschichte und manchmal auch einfach nicht bereit, ihr Verhalten in Frage zu stellen, haben hier das Mißverständnis initiiert. Den Kindern bleibt gar nichts anderes übrig, als die Intentionen ihrer Väter und Mütter mißzuverstehen. Und nicht etwa, daß man ihnen dafür Verständnis entgegenbringt!

Unsicherheit der Eltern hat zwei Gesichter: das der unmäßigen Strenge und das der ebenso unmäßigen Nachgiebigkeit. »Autoritäre Eltern ... erkennen ihren Kindern weniger Rechte zu, verlangen aber Verantwortlichkeit wie von Erwachsenen.« Andererseits: »Eltern, die ihren Kindern alles erlauben, verlangen von ihnen wenig Verantwortlichkeit«, schreibt Klaus Großmann.[19] Beides ist widersinnig.

Erfolgreiche Eltern handelten nach einem anderen Prinzip, erklärt der Psychologe: In ihren Familien seien »Privilegien, Rechte und Pflichten, die Verantwortung und die Belohnung der Eltern wie der Kinder einander komplementär und entsprechen damit ihren unterschiedlichen Fähigkeiten und Möglichkeiten«.

6 Wenn Kinder lügen, stehlen oder aggressiv sind

Lügen haben kurze Beine. – Paula, vier Jahre alt, spielt im Garten. Am Tor steht plötzlich ein Mann, ein Bettler – auf eine Krücke gestützt. Er hat nur ein Bein, sein anderes ist bis zur Mitte des Oberschenkels amputiert. Muß der viel gelogen haben, sinniert Paula. Richtige Angst zu lügen hat sie trotzdem nicht. Zwar hat sie eine Vorstellung davon, daß es nicht gut ist. Aber was Lügen eigentlich bedeutet, weiß sie nicht genau, für die Erwachsenen ist es offensichtlich etwas anderes als für sie. Denn nicht nur, daß sie sich gegenseitig ständig anlügen – »Wie nett, Sie zu sehen«, auch wenn sie jemanden erklärtermaßen nicht ausstehen können –, sie decken überdies ihre Kinder mit Lügenmärchen wie dem von den kurzen Beinen ein. Und die kleinen Mädchen und Jungen finden bald heraus, daß weder kurze Beine noch verbogene Balken eine Folge des Lügens sind. Und daß, wer einmal lügt, dem glaubt man nicht, auch eine glatte Lüge ist – zumindest auf die Erwachsenen bezogen, für die sowieso besondere Gesetze gelten.

Eins haben auch die Drei- bis Vierjährigen bald heraus, daß es wohl eine schwerwiegende Sache ist zu lügen, sonst würden die Erwachsenen nicht soviel Wesen darum machen. Trotzdem, bis etwa gegen Ende des vierten Lebensjahres weiß ein Kind nicht, wovon eigentlich die Rede ist, wenn die Eltern es »zur Rede stellen wollen«. »Du sagst jetzt die Wahrheit!« droht die Mutter. Ein Mißverständnis, von einem Kleinkind zu erwarten, daß es zwischen gelogen und nicht gelogen unterscheidet: Es kann noch nicht klar trennen zwischen falsch und richtig, wahr und unwahr, zwischen Phantasie und Realität, zwischen Spiel und Wirklichkeit. Ebenso macht es keinen Unterschied zwischen unausgesprochenen und ausgesprochenen Gedanken.

Hinzu kommt noch, daß es meint, die Eltern wüßten alles. Natürlich kennen sie auch meine Gedanken, nimmt es an. Oder besser: Es kommt überhaupt nicht auf die Idee, die Allmacht der Mutter oder des Vaters und überhaupt der Erwachsenen in Frage zu stellen.

Erst, wenn es mit etwa vier Jahren entdeckt, daß die Eltern nicht alles wissen und daß es selber über eine eigene innere Gedanken- und Phantasiewelt verfügt, kann es beginnen, »etwas für sich zu behalten«. Etwas nicht auszusprechen, was es weiß. Oder andere auch bewußt in die Irre zu führen. Mit der üblichen Definition des Erwachsenen, Lügen sei nicht die Wahrheit sagen, kann ein Kleinkind jedoch nicht viel anfangen. Was ist, so könnte ein Vierjähriger den Erwachsenen entgegenhalten, wenn ich gar nicht weiß, was die Wahrheit ist? »Warum hast du dein Kleid so schmutzig gemacht?« fragt die Mutter. Die kleine Anna, noch keine fünf Jahre alt, vermag keine Antwort zu geben. Sie hatte am Sonntagmorgen ihr Lieblingskleid aus tiefblauem Samt anziehen dürfen und war nach draußen spielen gegangen. Immer noch gelegentlich in die Betrachtung des schönen weichen Stoffs vertieft, entdeckte sie zu ihrem Schrecken, daß das Kleid einen häßlichen Fleck hatte – nicht sehr auffällig, aber wenn man einmal wußte, wo er war, unübersehbar. Was genau in ihr vorging, daran kann sie sich auch später als Erwachsene nicht erinnern. Jedenfalls kam sie zu dem Schluß, es sei wohl das beste, sich in eine Pfütze zu setzen. Warum? Vielleicht, damit der Fleck verschwände, vielleicht auch, um der angefangenen Verunstaltung Vollständigkeit zu verleihen oder um einfach zu erreichen, daß das Kleid so schnell wie möglich gewaschen würde. Jedenfalls war es ihr nicht in den Sinn gekommen, die Mutter zu ärgern. Was sollte sie sagen? Die Mutter ihrerseits begriff in ihrem Zorn überhaupt nichts. Anna hatte den Schaden angerichtet und wollte nun noch nicht einmal die Wahrheit sagen. Sie hatte eine Strafe verdient.

Es geht nicht um Wahrheit oder Unwahrheit

Situationen, in denen ein Kind – im Verständnis des Erwachsenen – zu lügen scheint, sind oft schwer zu entwirren, da das Kind selber nicht genau weiß, was in ihm vorgeht und warum es eine Sache so oder so eingeschätzt, warum es so oder so gehandelt hat. Und selbst wenn es das ungefähr wüßte, könnte es sicher nicht in Worte fassen, was in ihm vorgeht. Ein Mißverständnis also, das Kind in diesem Alter wegen einer Lüge zu schelten oder gar zu strafen. Zur Erhellung der Erkenntnis wird die Strafe oder Schelte in keinem Fall beitragen. Bei der kleinen Anna jedenfalls war die Verwirrung komplett. Als die Mutter ihr erklärte, Lügen sei verwerflich, wußte sie überhaupt nicht, wovon nun eigentlich die Rede war.

Lüge und Wahrheit haben auch in den Handlungen der Erwachsenen ihre unerwarteten Tücken: Der viereinhalbjährigen Franziska hatte der Vater versprochen, sie nachmittags aus dem Kindergarten abzuholen und mit ihr Eis essen zu gehen. Er wußte nicht, daß die Mutter mit der Kleinen zur selben Zeit nachmittags beim Zahnarzt einen Termin hatte. Als gegen drei Uhr die Mutter im Kindergarten auftauchte, um sie abzuholen, war Franziska mehr als enttäuscht. Abends machte sie dem Vater klar, er habe gelogen. Für sie galt einfach, er hatte nicht die Wahrheit gesagt. Es gelang den Eltern nicht, ihr zu erklären, daß dies einfach ein Mißverständnis zwischen Vater und Mutter gewesen sei, absichtslos, also keine Lüge.

Also geht es gar nicht nur um Wahrheit oder Unwahrheit. Vertrackt, nun kommt auch noch die Absicht ins Spiel. Erstaunlicherweise können Kinder zwischen vier und sechs Jahren in ihrer Beurteilung einer unwahren Aussage diesen Aspekt schon einbeziehen – selbst wenn er in ihrer eigenen »Definition« von Lügen noch keine Rolle spielt. Eine österreichische Untersuchung hat das zutage gebracht.[20]

Den Kindern wurde mit Puppen folgende Geschichte vorgespielt: Eine Mutter hat Schokolade für einen Kuchen eingekauft, und Maxi darf ihr beim Wegräumen helfen. Als er fragt, wo die Schokolade hin soll, sagt sie, »in das blaue Schränkchen«. Das Kind behält genau im Sinn, wohin es die Schokolade gepackt hat, weil es sich später ein wenig davon nehmen will. Der kleine Junge geht spielen. Inzwischen beginnt die Mutter mit dem Kuchen, reibt ein wenig von der Schokolade. Den Rest packt sie jedoch nicht in das blaue, sondern in ein grünes Schränkchen. Maxi weiß davon nichts. Als er vom Spielen zurückkommt, möchte er sich gleich ein Stück Schokolade holen. Er erinnert sich genau, wo er sie hingetan hatte. Da jedoch kreuzt seine Schwester auf und fragt ihn: »Mama hat doch Schokolade gekauft. Weißt du, wo sie ist?«

Hier hört das kleine Schauspiel auf. Die Folge wird den Kindern in vier verschiedenen Versionen vorgelesen:
1. Geschichte: Maxi möchte seiner Schwester die Wahrheit sagen, gibt ihr jedoch die falsche Information, weil er nicht weiß, daß die Mutter die Schokolade inzwischen im grünen Schränkchen verstaut hat.
2. Geschichte: Hier wird es rückgängig gemacht, daß die Mutter die Schokolade am andern Ort untergebracht hat. Maxi möchte die Wahrheit sagen und gibt seiner Schwester also die richtige Information.

In den beiden folgenden Versionen wird den Kindern vorab klargemacht, daß Maxi seine Schwester täuschen will, weil er die Schokolade ganz allein essen möchte.
3. Geschichte: Die Mutter hat die Schokolade von einem

in das andere Schränkchen gepackt. Maxi will seine Schwester irreführen, sagt jedoch unfreiwillig die Wahrheit: »Die Schokolade ist im grünen Schränkchen.«
4. Geschichte: Die Mutter hat den Schokoladentransfer nicht vorgenommen. Maxi will die Schwester belügen, sagt, die Süßigkeit sei im grünen Schränkchen, und gibt ihr wirklich die falsche Information.

Betrachten wir nun die Beurteilung der verschiedenen Versionen durch die Kinder. Der überwiegende Teil der Vier- bis Sechsjährigen fand, Maxi habe nicht nur gelogen, als er auch die Absicht dazu hatte, sondern auch, als er eigentlich die Wahrheit sagen und die Schokolade mit der Schwester teilen wollte. Als man die Kinder jedoch anders fragte, ob Maxi in der einen oder der anderen Situation lieb zu seiner Schwester gewesen sei, war das Ergebnis nicht mehr wie vorher: 75 Prozent der Kinder fanden Maxi nett, als er die gute Absicht gehabt hatte.

Auch wenn die Kleinen keine klare Vorstellung von dem Begriff »Lüge« hatten, konnten sie schon die »Absicht« richtig bewerten.

Ekman, der Autor des Buches, in dem diese österreichische Untersuchung veröffentlicht ist, erklärt, einige Psychologen meinten, Kleinkinder bezögen den Gedanken der Absicht nicht in ihre Vorstellung von Lüge ein, weil die Eltern ihnen nicht genug erklären. »Die Eltern bestehen darauf, daß die Kinder die Wahrheit sagen müssen, ohne ihnen klarzumachen, daß die Tatsache, eine falsche Sache zu sagen, dann keine Lüge ist, wenn man gar nicht weiß, daß die Information unrichtig ist.« Andere

Forscher vertreten die Ansicht, die Verwirrung sei eher mit den noch ungenügend entwickelten sprachlichen Kompetenzen des Kleinkinds zu erklären.

Fest steht, daß Vierjährige es eher schlecht finden, jemanden zu täuschen. Und daß sie überhaupt Lügen viel strenger verurteilen als ältere Kinder. Die Kleinen sind sozusagen »Wahrheitsfanatiker«. Schon mit elf Jahren halten nach Ekman nur noch 28 Prozent der Kinder Lügen prinzipiell für schlimm. Zum Beispiel bewerten sie »lügen, um jemandem etwas Schlimmes zu ersparen« als nicht verwerflich im Gegensatz zu Lügen, die nur das Ziel haben, eine Strafe zu vermeiden.

Lügen und die unbewußten Wünsche

Der französische Psychoanalytiker J. D. Nasio sieht in der Lüge eines Kindes eine Verbindung zum Wunsch – désir. Einmal zum Wunsch des Erwachsenen, der dem Kind »gefährlich« werden kann: Er kann die Absicht verbergen, es zu verführen, zu manipulieren, das heißt für seine Zwecke zu benutzen, in sein Innerstes eindringen und vor allem es bestrafen zu wollen. In diesem Fall ist die Lüge des Kindes eine Abwehr oder Verteidigung. Es schützt sich mit ihr gegen Zugriff oder Übergriff. Erwachsene haben Macht über Kinder, und viele möchten ihre Töchter und Söhne am liebsten völlig transparent sehen. Bruno Bettelheim wundert sich über dieses Verhalten der Eltern. »Schließlich wissen sie doch, daß auch sie gewisse Aspekte ihres Lebens vor ihren Kindern geheimhalten. Ich glaube, daß das Problem – wie so vieles von dem, was zwischen Eltern und Kindern falsch läuft – von dem bewußten Wunsch der Eltern kommt, ihrem Kind nahe zu sein, und von ihrem unbewußten Gefühl, daß es ihnen nur wirklich gehören kann, wenn es keine Geheimnisse vor ihnen hat. Da es ihr Kind ist, sollte es in ihm und seiner Umgebung nichts geben, was ihnen verborgen bleibt, einschließlich seines Innenlebens. Sie gestehen ihrem Kind zwar ein Unbewußtes zu, aber während sie es richtig finden, daß dieses Unbewußte vor allen anderen verborgen bleibt, sollte es ihnen, den Eltern, zugänglich sein.«[21]

Sie wollen alles wissen – bis in die intimsten Gedanken und Phantasien. Das Kind hat jedoch ein Recht, sich davor zu schützen, so wie es ein Recht hat, seinen Körper zu schützen. Und oft bleibt ihm gegen die Bedrohung, gegen diese manchmal ja wirklich verletzenden Zudringlichkeiten kein anderes Mittel der Selbstverteidigung als die Lüge.

Genauso häufig ist die Lüge jedoch auch Ausdruck eines désir – eines Wunsches oder einer Sehnsucht des Kindes: Es kann für sich selber oder einen anderen etwas tun wollen, das im Widerspruch zu den Wünschen seiner Eltern steht. Zum Beispiel möchte es vielleicht einen Freund vor Strafe oder Kummer schützen, vielleicht auch ihm oder sich selber etwas Ersehntes verschaffen, das sonst verwehrt würde.

Wie sehr Lügen und sogar Stehlen Ausdruck einer

Sehnsucht sein kann, zeigen folgende Erinnerungen des österreichischen Schriftstellers Gerhard Roth.

Als etwa achtjähriger Schüler war er heftig in seine Klassenlehrerin verschossen. Nichts wünschte er sehnlicher, als von ihr geliebt zu werden. Eines Tages hatte ein Mitschüler einen wertvollen Gegenstand gefunden. Er übergab ihn der Lehrerin. Sie lobte ihn vor der ganzen Klasse und nahm ihn in die Arme. Das Ereignis ließ Gerhard keine Ruhe. Es mußte sich doch bewerkstelligen lassen, daß auch er in den Genuß solcher Gunst- und Zärtlichkeitsbeweise kam.

An einem der nächsten Tage ging er zu seiner Großmutter und entwendete ihr eine Brosche mit einem wunderschönen Rubin. Stolz und erwartungsvoll präsentierte er sie der Lehrerin als »gefunden«. Zu seiner Enttäuschung jedoch wurde er keineswegs gelobt. Die Lehrerin war entsetzt. Argwöhnisch fragte sie ihn, wie er zu dem wertvollen Schmuckstück gekommen wäre. Er sollte ihr die Stelle zeigen, wo er sie gefunden hätte. Sie glaubte ihm nicht, als er es tat. Im Gras hätte sie gelegen, berichtete er. Die Großmutter hatte inzwischen den Verlust der Brosche bemerkt. Zunächst wurden Gerhards Brüder verdächtigt. Schließlich wurde er als letzter zur Befragung zur Großmutter gerufen. Sein Vater stand neben ihr. Als er ihn sah, wurde der Junge ohnmächtig. Bei seinem Erwachen fand er sich allein mit der Großmutter, die ihn ermutigte, sich ihr anzuvertrauen. Was auch immer er getan hätte, sie würde zu ihm halten. Er gestand alles, und sie behielt das Geheimnis für sich.

Trotzdem hat Gerhard das Mißverständnis damals schwer verwunden. Er hatte nur etwas Gutes tun, der geliebten Lehrerin eine besondere Freude machen wollen. Und stand nun da wie ein Verbrecher mit dem Makel des Verdachts der Lüge und des Diebstahls. Sicher war er sich bewußt gewesen, daß er den Schmuck eigentlich nicht hätte nehmen dürfen. Aber angesichts des von ihm erwarteten Glücks hatte das plötzlich keine große Bedeutung mehr gehabt.

Die Liebe zu der bewunderten Lehrerin trieb das phantasiebegabte Kind noch zu anderen »Missetaten« oder Mißverständlichkeiten: »Ich war so verliebt«, erzählt er, »daß ich mir selbst in meinem Aufgabenheft mit dem Rotstift gute Noten gegeben habe.« Sie waren nicht dazu bestimmt, andere, zum Beispiel die Eltern, zu täuschen. Er schuf sich so lediglich seine eigene ersehnte Wahrheit. »Ich stellte mir natürlich vor, sie habe es getan.« Der Junge hatte jedoch nicht bedacht, daß sie die Hefte einsammeln und den Schwindel bemerken würde. Vor der Klasse machte sie sich über ihn lustig und forderte ihn auf, sich zu entschuldigen. Das aber brachte er nicht fertig. Jedesmal, wenn er es in den folgenden Tagen versuchen wollte, versagte ihm die Stimme.[22]

Lügen sei eine Handlung, in der sich die geheime, vielleicht unbewußte Wahrheit einer Sehnsucht, eines Wunsches ausdrückt, erklärt Nasio. Wir verstehen, daß es zu simpel ist, Lüge einfach als Unwahrheit zu verstehen. Oft ist sie im Gegenteil die Wahrheit des désir. Diese unbewußte Wahrheit fließt ebenfalls ein, wenn ein Kind etwas erzählt. Seine Erzählung ist sozusagen eine künstlerische Schöpfung, in der wir nicht die platte Wiedergabe einer Realität suchen sollten. In der Erzählung sucht und findet das Kind seine Identität. Seine »Berichte« sind oft eher mit einem imaginären Spiel zu vergleichen. Es wäre unklug und wiederum ein trauriges Mißverständnis, diese Spiele unter dem Vorwand der Wahrheitssuche zu zerstören, diese kreativen Bemühungen des Kindes in dem unbekannten Terrain zwischen Wirklichkeit und Phantasie im Keim zu ersticken.

Es sind auch Bemühungen, mit Sprache umzugehen: Sprache lernen, sagt der Amerikaner John Austin, heißt zu lernen, »wie man Dinge mit Worten tut«. Der Spezialist für Sprachentwicklung beim Kind, Jerome Bruner, erklärt, daß ein Kind schnell mitbekommt, daß es innerhalb der familiären Szenerie keineswegs damit getan ist wiederzugeben, »was passiert ist« (what happened). Es versteht, daß Erwachsene Tatsachen und Handlungen tendenziell berichten. Nicht zuletzt, um die familiären Interessenkonflikte zu regulieren. Das Kind erkennt schon früh auch für sich selber, daß es darauf ankommt, »die richtige Geschichte zu erzählen, seine Handlungen und Ziele in einem Licht erscheinen zu lassen, das sie rechtfertigt ...« »Zu bekommen, was man wünscht, heißt oft, die richtige Geschichte zu haben.« Vom dritten und vierten Jahr an könne man beobachten, schreibt Bruner, daß Kinder lernen, ihre Erzählungen dazu zu benutzen, nett zu sein, zu täuschen, zu schmeicheln, zu rechtfertigen, zu erreichen, was sie wünschen, ohne dabei eine Konfrontation mit den geliebten Personen heraufzubeschwören.[23] Diese von Erwachsenen aus Unverständnis oft herabgewürdigte Fähigkeit setzt einen erstaunlichen Reifegewinn voraus: Das Kind kann die ethischen und moralischen Spielregeln seiner unmittelbaren Umwelt schon einschätzen. Und ebenso bewundernswert: Es bezieht die Bewertung dieser Regeln innerhalb des komplexen familiären Zusammenspiels in seine eigene Art der Berichterstattung ein.

Erwachsene tun leider oft eher zuviel als zuwenig, wenn sie sich einem Kind gegenüber finden. Statt zerstörerisch in es einzudringen, versuchen wir doch lieber, es zu sehen, ihm aufmerksam zuzuhören, ihm in seinen erstaunlichen Schöpfungen zu folgen. Wir können daraus nur lernen. Daß wir uns gelegentlich mehr aufs Sehen, Wahrnehmen und Beobachten des Kindes konzentrieren, ist um so wichtiger, als wir uns selbst meist gar nicht bewußt sind, wieviel Zerstörerisches unsere Bemühungen, in die geheimsten Winkel seines Inneren einzudringen, haben. Wie so oft tun wir ihm »Gewalt« an – und sind dabei ganz aufrichtig von den besten Absichten erfüllt.

Stehlen – keine kriminelle Handlung

Ebenso wie Lügen hat Stehlen bei einem Kind zunächst keinerlei unmoralische Bedeutung. Auch Stehlen drückt einen Wunsch aus. Erwachsene, für die alles, was bei ihnen in den Bereich des Kriminellen gehört, stark tabuisiert ist, können oft einfach »nicht über ihren Schatten springen«, um das Kind bei einer solchen Handlung zu verstehen.

Die oben erwähnte kleine Paula, heute längst erwachsen, war Kind einer armen Zöllnerfamilie auf dem Land. Um so mehr genoß sie es, bei ihrer besten Freundin, der Tochter eines reichen Bauern, immer wie ein Kind des Hauses behandelt zu werden. Sie bekam wunderbare rote Grütze und Kuchen zu essen, und wann immer sie wollte, durfte sie sich im Garten Äpfel aufsammeln. Sie hatte das Gefühl, was Grete gehörte, wurde auch ihr zugestanden. Ihr ohnehin noch nicht sehr entwickelter Begriff von mein und dein kam in diesem wohlhabenden Haus eher durcheinander. Als sie eines Tages auf dem Tisch einen Haufen wunderschöner rosa Taschentücher zum Bügeln sah, nahm sie einige. Sie dachte: »Damit werde ich meiner Mutter eine große Freude machen. Sie hat noch nie so schöne Taschentücher gehabt.« Zu ihrer Verwunderung und Enttäuschung schalt sie die Mutter und schickte sie mit dem »Diebesgut« zurück ins Haus der Freundin.

Im Gegensatz zu dem Schulkind Gerhard hatte die kleine Paula bei ihrer Handlung überhaupt nicht das Gefühl, etwas Unrechtes zu tun. Der Wunsch, der Mutter eine Freude zu machen, überdeckte alle anderen möglichen Erwägungen. So ist es auch, wenn Kinder sich selber eine Freude machen wollen. Ihr sehnlicher Wunsch nach etwas ist stärker als ihr Unrechtsbewußtsein.

Genauso häufig ist Stehlen ein symbolischer Akt. Ein Verhalten, das zu uns sprechen will. «Mama, ich möchte ein bißchen mehr deine liebevolle Nähe haben.« Oder: »Ich bin so viel allein, und du beachtest mich gar nicht, wenn du da bist.« Das Kind weiß selber nicht, was es mit seiner Handlung ausdrücken will. Es fühlt vielleicht seine Sehnsucht, kann sie aber in keinen logischen Zusammenhang mit seiner »Tat« bringen. Und es fühlt, daß sich da ein großes Mißverständnis aufbaut. Die Eltern fragen es drohend: »Warum hast du das gemacht?« Und es antwortet wahrheitsgemäß: »Ich weiß nicht.« »Der Erwachsene macht sich nur selten klar«, schreibt Bettelheim, daß das Kind seine Fragen »tatsächlich nicht beantworten kann, weil seine Gründe in seinem Unbewußten begraben sind«.[24] Hinzu kommt, daß das Kind, dem seine Eltern alles bedeuten, schon an der Art, wie sie fragen, merkt, daß sie sein Verhalten mißbilligen, daß sie ärgerlich sind. Es wird dadurch verwirrt und hat Angst. Um keinen Preis möchte es die Liebe seiner Eltern verlieren.

Eltern verursachen ihrerseits unbewußt diese von vornherein abwehrende Haltung gegenüber ihren Fragen. Denn, so erklärt Bettelheim, »wir fragen sie nach ihren Gründen, wenn wir unzufrieden sind, das wissen sie. So fragen die meisten Eltern gewöhnlich nicht: ›Warum hast du dich so angestrengt, so vorzügliche Noten in der Schule bekommen?‹ Wir fragen vielmehr: ›Warum hast du deine Hausaufgaben nicht gemacht?‹ ...« Und wir fragen nicht: »Wieso hast du deine Stofftiere so schön aufgeräumt?« Oder: »Wie kommt es, daß du dein Spiel unterbrochen hast und mir beim Abtrocknen hilfst?«

Durch dieses einseitige, die mißbilligenden Fragen favorisierende Erwachsenenverhalten komme das Kind zu dem Schluß: »Wenn ich ihnen ehrlich etwas erkläre, erreiche ich damit nur, daß sie sagen, ich sei im Unrecht.«[25]

So ist es wie gelähmt, wenn es drohend zur Rede gestellt wird. Den kleinen Gerhard überkam diese Lähmung schon beim Anblick des Vaters, bevor der überhaupt fragen konnte. Auch Erwachsene fühlen sich angesichts einer solchen Bedrohung – zum Beispiel eines Vorgesetzten, der sie tadelnd anstarrt und von ihnen Erklärungen verlangt – oft unfähig zu sprechen, ja sogar zu denken. Was erwarten sie eigentlich von einem Kind? Es ist angesichts ihrer Haltung viel geängstigter als der Angestellte vor dem Chef. Seine Abhängigkeit von den Eltern ist viel größer und hat ganz andere, viel tiefere Gefühlsdimensionen. Der Hamburger Kinderpsychiater Elmar Müller meint darum, daß Eltern, die ihre Tochter oder ihren Sohn in dieser Weise mit Fragen bedrohen, eigentlich gar keine Antwort erwarten. Alles, was sie wollen, sei »ein zerknirschtes Schuldbekenntnis«. Das Kind kann unter diesen Bedingungen gar keine Antwort geben – unabhängig davon, ob es eigentlich eine hätte oder nicht.

Wenn Kinder weh tun

Ebenso mißverstanden wie Lügen und Stehlen werden alle Handlungen, in denen das Kind anderen absichtlich weh zu tun scheint. Eine Frau erzählte mir, ihr vierjähriges Patenkind drangsaliere einen kleinen Hund, indem es ihm Haare ausreiße. Die Eltern hielten das kleine Mädchen für sadistisch. Sie hätten es oft für seine Quälereien bestraft. Ohne Erfolg. Im Laufe des Gesprächs ergab sich, daß das kleine Mädchen zu Hause kaum beachtet wurde, und wenn dies geschah, dann eigentlich nur mit Strafen. Die Mutter hatte zwischen Arbeit und der Versorgung eines einjährigen Brüderchens kaum Zeit für die kleine Julia. Diese litt zudem unter ihrem um vier Jahre älteren Bruder, der keine Gelegenheit ausließ, die Kleine zu drangsalieren. Die Eltern nahmen davon keine Notiz, sie hatten schon genug andere Sorgen. Die Patentante war bereits selber auf die Idee gekommen, daß der kleinen Julia »Liebe fehlte«. Sie wußte nicht, wie sie die Eltern darauf aufmerksam machen sollte. Sie hatte verstanden, daß Julias Verhalten die für das Kind ungünstige häusliche Situation widerspiegelte. Für die Eltern stand fest, das Kind war entweder ungezogen oder abnorm.

Verhaltensweisen wie die der kleinen Julia gibt es zuhauf. Kinder ziehen Fliegen die Beine aus, kneifen und beißen die kleinen Geschwister, quälen Haustiere. Wenn dies nicht nur gelegentlich aus einer momentanen Aggression, einem unüberwindlichen Ärger oder einer starken Frustration geschieht, sondern sich ständig wiederholt, dann gibt das Kind ein ernst zu nehmendes Signal: »Mit meiner Welt stimmt etwas nicht. Mir geht es schlecht, und niemand merkt es. Bitte, helft mir!« Der amerikanische Entwicklungspsychologe Jerome Kagan weist nachdrücklich darauf hin, daß ein ständig wiederholtes Verhalten der sprachlose Versuch sei, eine Botschaft zu übermitteln, einen Vorwurf oder eine Bitte beispielsweise. Das Kind benutze diese stumme Sprache entweder, weil Worte als Ausdruck der Sache nicht gerecht würden oder weil es selber nicht genau weiß, was es mitteilen will. Das gilt nicht nur für Kleinkinder. Auch Teenager handeln so. »Viele der Jugendlichen, die Läden verwüsten, Farbe auf Statuen schmieren oder Portemonnaies stehlen, versuchen der Gemeinschaft mitzuteilen, daß sie wütend sind. Die auf einen Zettel gekritzelte Selbstmorddrohung ist ein Hilferuf; das zwölf Jahre alte Mädchen, das nicht essen will, bemüht sich zu sagen, daß sie nicht erwachsen werden will ... Ein Verhalten wird dann beibehalten, wenn die dahinter verborgene Botschaft dringlich«, wenn sie ein Schrei aus tiefer Not ist.[26]

Das Verhalten eines Kindes ist also Sprache. Sie sagt uns, was mit ihm und seiner Familie nicht in Ordnung ist. Für Eltern ist dies eine schwierige Situation. Einiges steht ihrem Verständnis für das Kind sozusagen im Weg. Zunächst die Tatsache, daß sie natürlich stark emotional auf die kleinen »sadistischen« Handlungen reagieren. Sie können nicht ohne weiteres ruhig bleiben. Zweitens fällt es ihnen außerordentlich schwer einzuräumen, daß ihr Kind einen Schmerz an ein Tier oder einen Spielkameraden weitergibt, den es selber empfindet. Daß es ihm seelisch nicht gutgeht und daß natürlich sie, die Eltern, sich eigentlich dafür verantwortlich fühlen müßten. Es ist schwierig, danach zu suchen, was man falsch macht oder was im eigenen Verhalten fehlt: Sollen sie sich eingestehen, daß sie ihr Kind, das sie selbstverständlich lieben, tatsächlich ziemlich vernachlässigt haben? (Selbst wenn sie in einer von »außen« kommenden Zwangssituation gar nicht anders konnten?) Daß sie vielleicht frühere, weniger starke Signale des Kindes nicht beachtet haben und immer nur mit Gereiztheit und Strafen reagiert haben? Die Flucht ins Mißverständnis – »Mein Kind ist böse, es ist nicht in Ordnung« – bietet sich als der nächstliegende Ausweg an.

Nicht jedesmal sind die Situationen und Gründe so wie in diesem kleinen Beispiel. Aber vergleichbar sind sie alle. Ein Kind quält nicht zum Spaß. Vielleicht ist seine Entwicklung in all den »symbolischen Abnabelungen«, den vielen kleinen Loslösungsprozessen von der Mutter, wie ich sie in »Schritte ins Leben« ausführlich geschildert habe, unharmonisch verlaufen.[27] In der wichtigen Phase des Selbständigwerdens zwischen dem zweiten und fünften Lebensjahr war die liebevolle Kommunikation zwischen Mutter und Kind möglicherweise gestört. Es ist die Zeit, in der ein kleiner Junge und ein kleines Mädchen lernen, sauber zu werden, sich sauberzuhalten, also Sorge für den eigenen Körper zu tragen, in der sie lernen, sich selber an- und auszuziehen, und in der ihnen bewußt wird, daß sie ebenso ein Recht auf Unverletzbarkeit haben, wie sie die Unverletzbarkeit der anderen respektieren müssen – »mein Körper gehört nur mir allein, niemand darf mich berühren und mir weh tun, wenn ich es nicht will« und »auch ich darf die anderen nicht verletzen«. In all diesen Monaten und Jahren ist der zärtliche

Dialog zwischen Mutter (Eltern) und Kind von besonderer Bedeutung für sein späteres soziales Verhalten.

Wehtun ist für ein Kind sicher keine so selbstverständliche Sprache wie Lügen und Stehlen. Um so wichtiger ist es, ihr liebevolle Aufmerksamkeit zu schenken. Gibt ein Kind diesen Hilferuf mit seinem Verhalten, dürfen wir ihn nicht mit Strafen beantworten. Wir schließen es dann in seinen Handlungen ein und machen alles nur noch schlimmer. Auch die Eltern selber müssen sich nicht gleich schuldig fühlen, wenn solche Probleme auftauchen. Und sie sollten sich nicht scheuen, einen Psychologen aufzusuchen.

Besonders bedeutsam wird in diesem Zusammenhang die einfühlsame Mitarbeit all derjenigen, die außerhalb des Elternhauses mit dem Kind umgehen, der Kindergärtnerinnen, Tagesmütter, Lehrer. Für diese außenstehenden Personen ist es oft leichter, die Signale eines Kindes zu deuten, das in seelischen Schwierigkeiten ist. Sie sind mit ihren Gefühlen weniger an dem Geschehen beteiligt und neigen nicht so wie die Eltern dazu, sich als dafür verantwortlich zu sehen. So geraten sie auch weniger in Versuchung, mit den Schuldgefühlen jedes wirkliche Erkennen und Verstehen abzuwehren. Ihr Blick ist freier. Der Nachteil ihrer zwischen vielen Kindern geteilten Aufmerksamkeit wird durch diese innere Freiheit aufgewogen. Außerdem mag ihnen die Beobachtung eines solchen Problemkindes im Spiel und in der Kommunikation mit anderen weitere wichtige Aufschlüsse über die Gründe seines Verhaltens geben. Kinder symbolisieren in Spielen ihre Lebenssituation, ihre Ängste, die Art und Weise, wie die Erwachsenen mit ihnen umgehen, ihre geheimen Wünsche. Ein erfahrener aufmerksamer Kleinkind- oder Schulpädagoge kann vielleicht in seinem Spiel- und Schulverhalten vieles ablesen, was Eltern nicht entziffern können.

Aufgabe aller dieser geschulten Fachleute ist es nicht, das betroffene Kind und seine Eltern mit Vorhaltungen noch stärker unter Druck zu setzen, als sie es ohnehin schon sind, sondern ihnen zu helfen, die Ursachen für die buchstäblich quälenden Schwierigkeiten aufzufinden – vielleicht auf dem Umweg über einen Kinderpsychologen und eine Familientherapie.

7 Die Theorien und Phantasien des Kindes

Stephen, gerade zwei Jahre alt, sitzt zwischen seinen Bauklötzen und schaut der Mutter beim Bügeln zu. Plötzlich steht er auf, rafft einen Stapel säuberlich gefalteter Wäsche, geht ins Badezimmer nebenan und stopft das Ganze kurz entschlossen – in die Toilette. Die Mutter, an diesem Tag von der Hitze besonders erschöpft, ist außer sich vor Zorn. Sie straft ihr Kind heftiger, als sie es sonst getan hätte. Der Kleine weint lange, er scheint völlig verstört. Einige Tage vergehen. Wieder bügelt die Mutter. Wieder packt Stephen ein Wäschepaket, so wie es gerade in seine kleinen Arme paßt, und wieder steckt er es in die Toilette. Diesmal jedoch läuft er danach von selber sofort zur Mutter, so als wolle er seine Strafe in Empfang nehmen. Die junge Frau spürt, daß seine Aktion nichts Boshaftes oder »Ungezogenes« ausdrückte. Sie ist zwar ein bißchen ratlos, aber diesmal straft sie ihren Sohn nicht. Sie erklärt ihm hingegen, warum ihr sein Verhalten mißfiel. Der Kleine versuchte nie wieder, Wäsche ins Klo zu werfen. Er hatte verstanden.[28]

Eine erstaunliche Geschichte. Jedoch haben fast alle Mütter eine oder mehrere dieser Art auf Lager. Auch hier gab es zunächst ein Mißverständnis. Stephens Mutter war aber so klug, beim zweiten Mal nicht mit einer voreiligen Strafe zu reagieren, sondern mit dem Kind zu sprechen. Das hatte nicht nur zur Folge, daß Stephen die Handlung später nicht wiederholte, sondern daß er offenbar aus ihr gelernt hatte. Und genau das nämlich war offenbar sein Ziel gewesen.

Kinder sind ständig damit beschäftigt, die sie umgebende Welt zu strukturieren. Aus ihren Beobachtungen leiten sie Schemata und Regeln ab. Sie machen sich – schon von den ersten Monaten an – ihre eigenen »Theorien« über das Funktionieren bestimmter Gegenstände, über Handlungszusammenhänge, ja sogar über das, was gut und böse ist. Mit etwa drei Jahren beginnt ein Kind, eine böse Handlung mit seinem Ich in Verbindung zu bringen. Da seine Erkenntnisfähigkeiten begrenzt sind, stimmen seine Theorien jedoch nicht immer mit der Wirklichkeit oder mit den Bewertungen der Erwachsenen überein. Es versucht dann herauszufinden, was nicht stimmt.

Stephen hatte aus seiner Beobachtung der Tätigkeit der Mutter bestimmte Schlüsse gezogen. Er hatte gesehen, daß Erwachsene mit Wäsche unglaublich viel anstellen: Sie in einen Korb stopfen, wieder herausholen, sie in eine vom Wasserzufluß rauschende Maschine tun, eine Weile warten, bis sie sie wieder herausnehmen und einem anderen Gerät anvertrauen, aus dem man sie trocken herausholt, sorgfältig faltet, bügelt, wieder faltet, um sie schließlich in den Schrank zu legen. Den Sinn der Reihenfolge hatte der Kleine wohl nicht erfaßt, ebensowenig wie überhaupt den Sinn der gesamten Aktion: nämlich schmutzige Wäsche sauber und glatt zu machen. Er hatte offenbar bemerkt, daß einer der wichtigsten Teile dieses gesamten Geschehens der Aufenthalt der Wäsche in der wassergespeisten Maschine war, die er jedoch nicht bedienen konnte. Außerdem war ihm klargeworden, daß das Ganze für seine Mutter eine beträchtliche Anstrengung bedeutete. Was lag näher, als ihr dabei – und zwar beim Wichtigsten – zu helfen? Nur leider, seine Hilfe schien mehr als unwillkommen. Was hatte er falsch gemacht?

Kinder wollen die Spielregeln der Erwachsenen herausfinden

Der übermäßige Zorn der Mutter ließ ihm keine Ruhe. Natürlich fürchtete er, ihn wieder heraufzubeschwören. Aber wenn eine gute Tat wie die vermeintliche Hilfe so schreckliche Folgen hatte, dann konnte ihm dies Mißgeschick jederzeit widerfahren, wenn er in der besten Absicht handelte. Um herauszufinden, was schiefgelaufen war und was wirklich den Ärger der Mutter hervorgerufen hatte, blieb ihm gar nichts anderes übrig, als das Ganze noch einmal zu wiederholen. Er hatte recht. Gott sei Dank half ihm die Mutter bei seiner Suche nach dem richtigen Zusammenhang. Stephen war um eine Erkenntnis reicher. Und er hatte überdies noch die wichtige Erfahrung gemacht, daß seine Mutter ihn nicht einfach sinnlos strafte. Er konnte sich auf sie verlassen, ihr vertrauen. Seine Welt war wieder in Ordnung.

Jerome Kagan berichtet, vielen Eltern sei aufgefallen, daß ihre vierjährigen Kinder sich absichtlich schlecht benahmen, um bestraft zu werden, und daß sie ihre Eltern oft fragen: »Hast du mich lieb?« oder: »Bin ich brav?« Ihr Bestreben herauszufinden, was gut und böse ist, geht so weit, daß sie sich sogar bei geträumten Handlungen für schuldig halten. »Ein vierjähriges Mädchen sagte ihrer Mutter, sie hätte etwas Böses getan. Als sie das erklären sollte, beichtete sie, daß sie geträumt hatte, ihr kleiner Bruder, noch ein Baby, sei von einer Biene gestochen worden und wäre danach gestorben.«[29] Kinder fühlen sich oft für Ereignisse verantwortlich, ja schuldig, auf die sie nach dem rationalen Denken der Erwachsenen gar keinen Einfluß haben: eine Krankheit der Mutter, die vielleicht hin und wieder in völliger Erschöpfung tatsächlich geäußert hat, »du machst mich noch krank mit deinem Getrödel« oder »deiner Unordnung«, den Tod eines Familienangehörigen, den das Kind nicht ausstehen konnte oder vor dem es Angst hatte und den es nun mit seinen »bösen Gedanken« umgebracht zu haben glaubt.

Psychologen haben den Begriff des »magical child«, des mit magischen Kräften ausgestatteten Kindes, geprägt. »Magisch«, weil das Kind den Eindruck hat, »seine Gedanken, Wünsche und Gefühle hätten eine geheimnisvolle Macht«, erklärt die amerikanische Kinderpsychoanalytikerin Dorothy Bloch.[30] »Da es als Baby offensichtlich die scheinbaren Riesen seiner Umgebung ohne Sprache aktivieren kann – wie soll es sich sonst die erstaunliche Erfüllung seiner Wünsche erklären, die oft ohne jede ›Aufforderung‹ geschieht?« Bleiben ihm die Zusammenhänge unklar, dann versucht es, mit merkwürdigen Handlungen und indem es die Reaktion der Erwachsenen darauf beobachtet, herauszufinden, welche Regeln hier am Werk sind.

Die Beispiele mögen dazu anregen, seltener gleich mit Zorn zu reagieren, wenn das Kind etwas in unseren Augen völlig Unsinniges, »Ungezogenes« tut. Eltern und andere Erzieher von Kleinkindern mißdeuten diese »Taten« oft. »Man übersieht, daß im Kind etwas wirklich Zivilisatorisches steckt«, sagt der französische Kinderpsychotherapeut Guillerault. »Man empfindet es als chaotisch, dabei versucht es geradezu Zivilisation zu schaffen.«

Besser ist es, sich bei solchen Anlässen mit einem Drei- oder Vierjährigen über Fragen wie gut und böse zu unterhalten. Man sollte jedoch nicht annehmen, daß es nach einem solchen Gespräch gleich die richtigen Rückschlüsse für die nächste Handlung zieht. Seine Logik kann es zu ganz anderen Schlußfolgerungen führen, als wir meinen. Eltern brauchen sich jedoch nicht zu beunruhigen, wenn der von ihnen erwartete Erfolg zunächst ausbleibt: Der Drang, die Normen seiner Umwelt herauszufinden, ist dem Kind sozusagen angeboren. Im schlimmsten Fall und bei allzu häufigen Mißverständnissen können wir es jedoch bei dieser Suche verwirren und entmutigen.

Im Netz der Phantasien

Sind schon die kindlichen Theorien für uns erstaunlich genug, so bleiben uns seine Phantasien fast unzugänglich. Wir müßten selber den Weg in die Kindheit zurückgehen und den Vorhang zur Seite ziehen können, der unser Bewußtes von dem dahinter im Unbewußten Verborgenen trennt.

Die Phantasien eines Kindes haben viele Funktionen. Einmal befreien sie es aus seiner Hilflosigkeit. Es sieht sich selber als eine mächtige Mickymaus, einen starken Bären oder Batman. Damit halten sie auch seine Ängste in Schach. Es schafft sich – seinem wirklichen Erleben entsprechend – Wesen, die es bedrohen, Hexen, Räuber, Monster und andere, die diesen den Kampf ansagen. Wichtig ist, daß die guten Kräfte siegen. Nicht immer ist das der Fall. Wenn im Kind die Ängste die Oberhand gewinnen, dann mag auch seine Phantasie in ihren Schöpfungen nicht mehr dagegen ankommen. Eine weitere Funktion ist die Flucht aus einer traurigen oder quälenden Wirklichkeit. Oder die Umsetzung nicht verstandener, beunruhigender Erfahrungen, zum Beispiel die Beobachtung der Eltern bei sexuellen Handlungen. Eine beunruhigende Erfahrung sind auch die eigenen heftigen Gefühle und die sie begleitenden Frustrationen. Wie schon angedeutet, kann ein Kind durchaus den Tod einer ihm nahestehenden Person wünschen, vor allem, wenn es sich von ihr bedroht fühlt. Der Wunsch mag so unerträglich sein, daß es sich in die

Vorstellung flüchtet, ein böses Ungeheuer zu sein. Die Phantasie hilft dem Kind, das Unbewältigte zu verarbeiten, ihm eine imaginäre Form zu geben.

Für den Erwachsenen geht manchmal ein Fenster auf in das Phantasieleben eines Kindes, wenn er es beim Spielen beobachtet. Im Spiel kann das Kind symbolisieren, es setzt seine Phantasien und damit seine psychischen Prozesse in Szene. Nur sollten wir nicht glauben, daß wir alle diese Symbolisierungen entziffern könnten. Es wird uns oft nicht sagen können, warum es dies oder das so oder so spielt. Könnte es das, brauchte es ja das Spiel nicht. Es hat, wie schon erwähnt, auch ein Recht, seine geheimnisvolle Welt für sich zu behalten. Gedankenfreiheit sollten wir auch bei unseren Kindern respektieren. Trotzdem: Spiel und in Szene gesetzte Phantasien sind wie alles Verhalten des Kindes auch Sprache. Und manchmal will es uns damit etwas mitteilen, das sich nicht anders ausdrücken läßt.

Solange ein Kind seinen Phantasien im Spiel Raum gibt, zeigt es uns, daß es »Herr der Lage ist«, mögen uns seine Inszenierungen auch noch so merkwürdig erscheinen. Sorgen müssen wir uns dagegen machen, wenn seine Phantasien versagen und wenn es nicht mehr spielt. Wenn es beginnt, rätselhafte Vermeidungsrituale zu entwickeln, sich zurückzieht.

Die fünfjährige Lisa und ihr zwei Jahre älterer Bruder Jochen trollen sich widerspruchslos ins Bett. Es ist halb acht abends, und die Eltern haben Eile fortzugehen. »Wann kommt ihr wieder?« fragt beklommen die kleine Lisa. »Das braucht ihr nicht zu wissen, ihr sollt doch schlafen«, sagt der Vater und fügt hinzu: »Daß ihr auch gleich das Licht ausmacht.« Auf dem Weg zu den Freunden ist die Mutter ein wenig beunruhigt. »Ob die Kinder nicht Angst haben, so allein im Haus?« »Ach was«, meint der Vater, »sie sind groß genug, ein paar Stunden allein zu bleiben. Irgendwann müssen sie doch mal selbständig werden. Und unser Jochen ist doch so vernünftig.« Sicher ist Jochen vernünftig, das heißt, er wird nichts Dummes in Abwesenheit seiner Eltern anstellen. Sein Vater ahnt jedoch nicht, daß er die Kinder überschätzt: Beide haben tatsächlich große Angst, allein zu bleiben, noch dazu im Dunkeln. Angespannt lauschen sie all den Geräuschen, die um so deutlicher wahrnehmbar sind und um so merkwürdiger scheinen, als sich die ganze Aufmerksamkeit der Kinder auf sie konzentriert. Der Blick kann nicht mehr zu den Spielsachen und Stofftieren hinüberwandern und ihnen ein wenig freundliche Ablenkung verschaffen.

Die Angst der Kinder wird nicht geringer dadurch, daß sie oft allein bleiben müssen. Im Gegenteil, da beide wissen, daß sie mit den Eltern nicht darüber sprechen und daher nicht mit ihrem Verständnis rechnen können, wächst sie oft zu wilden Phantasien an – über Einbrecher, die ums Haus schleichen, sie hören ihre leise knisternden Tritte, oder unheimliche Tiere, die sich lautlos durch Ritzen zwängen und sie bedrohen. Die Kleider auf dem Stuhl nehmen im fast Dunklen die Form eines Ungeheuers an. Lauert es nicht nur darauf, daß sie endlich einschlafen, um ihnen Böses – wer weiß was – anzutun? Und dann kommt, schlimmer noch, die Angst, den Eltern könnte draußen in der Finsternis der Nacht genauso Schlimmes begegnen. Vielleicht sind sie gerade in Lebensgefahr?

Morgens in der Schule und im Kindergarten wirken die Geschwister oft unausgeschlafen und unkonzentriert. Jochen erzählt den Klassenkameraden immer blutrünstigere Monstergeschichten. Lisa hat vor einigen Wochen angefangen, nachts gelegentlich das Bett naß zu machen. Schuldbewußt ängstigt sie sich dann vor der Entdeckung. Ihre Mutter schilt sie jedoch nicht, sie fühlt, daß es der Kleinen nicht gutgeht, kann aber nicht herausfinden, was die Ursache ist.

Die Kinderpsychologen Karin und Klaus Großmann haben mit Hilfe ihres »Trennungsangst-Tests« entdeckt, daß viele um sechs, sieben Jahre alte Kinder unter Ängsten leiden, von denen ihre Eltern nichts ahnen. »Väter und Mütter meinen, es mache den Kindern nichts aus, wenn sie weggehen«, erklärt Karin Großmann. In Wahrheit phantasieren die Kinder voller Angst, daß ihre Eltern überhaupt nicht wiederkommen oder daß ihnen etwas passieren könnte. Nur, sprechen wollen viele darüber nicht. In ihren Äußerungen über ihre Ängste lassen sich die Kinder nach der Beobachtung der Psychologen zwei Gruppen zuordnen: Die einen, die man als »sicher gebunden«, das heißt als sich in der Familie geborgen fühlend bezeichnen könnte. Sie sind bereit, über ihre Gefühle zu sprechen, sie schildern ausdrucksvoll, was in solchen Situationen in ihnen vorgeht. Die anderen, die »nicht sicher Gebundenen«, denen das Gefühl ausreichender Geborgenheit fehlt, müssen lange ermutigt werden, bevor sie überhaupt etwas sagen. Dann kommen sie oft mit ihren Todesphantasien heraus. »Ihre Äußerungen wirken depressiv«, sie berichten ausdruckslos. Bei ihnen ist in der Kommunikation mit den Eltern schon vieles »schiefgelaufen«: Wie die kleine Lisa und ihr Bruder Jochen wagen sie nicht mehr, ihre Gefühle preiszugeben, und die Eltern schwören auf »Nichtbeachten« von unerwünschten Signalen als Erziehungsrezept.

Wir haben anfangs schon über die Folgen dieser Art der Überforderung eines Kindes nachgedacht. Auch hier zeigt sich die negative Wirkung von zu großen Anforderungen an Selbständigkeit und Unabhängigkeit: Die Kinder fallen im Kindergarten oder in der Schule auf. Sie sind zappelig, übermüdet und vor allem scheu. Manchmal ist ihr Selbstbewußtsein so schlecht, daß sie zu keiner guten Leistung mehr fähig sind.

Der Schweizer Bertrand Cramer sagt dazu: »Wenn Eltern keinerlei Willensäußerungen ihres Kindes akzeptieren, bleibt dem Kind nichts als Rückzug und völlige Unterwerfung. Die Mutter kann zum Beispiel ganz eindeutig zu verstehen geben: ›Wenn du das auslebst, mein Kind, dann sind wir geschiedene Leute‹.« Nach den Beobachtungen des erfahrenen Kinderpsychiaters kann so »ein ganzer Teil der Persönlichkeit total ausgelöscht werden.«[31]

Sicher, so kraß spielt es sich meist nicht ab. Jedoch müssen auch Eltern, deren Erziehungsstil alles andere als autoritär ist, damit rechnen, daß sie nicht immer über die Verlassenheitsängste ihrer Kinder Bescheid wissen.

Wiederum könnte hier der Kindergarten eine wertvolle Hilfe für die Familie sein. Wenn die Kinder in diesem emotional nicht so stark besetzten »Klima« ermutigt werden, ihre Gefühlserlebnisse in kleinen Inszenierungen – »Vater, Mutter, Kind« –, in Spielen mit Puppen oder sogar in Gesprächen aufzudecken, befreien sie sich – und indirekt ihre Eltern – vielleicht von einigen Lasten. Eben wegen dieser befreienden Wirkung sollte man Kindern auch nicht verbieten, sogenannte »aggressive« Spiele zu spielen. Solange sie dabei – auch mit den von ihnen gewählten Spielzeugwaffen, Pistolen, Gewehren, Schwertern usw. – im Symbolischen bleiben und sich nicht gegenseitig weh zu tun drohen, sollten Erwachsene nicht eingreifen. Im Gegensatz zu den – voreilig urteilenden – Vorstellungen vieler Erwachsener, ja sogar ambitionierter Pädagogen, hilft ein solches Symbolisieren von Aggressionen den Kindern geradezu, friedlicher zu werden. Kinder haben ebenso viele Aggressionen wie Erwachsene, sie brauchen nur andere Abfuhrmöglichkeiten als diese, da sie sie nicht verbalisieren können.

Zudem lernen die kleinen Mädchen und Jungen im Spiel mit anderen, daß sie nicht allein sind mit ihren Frustrationen, Aggressionen und Ängsten, daß sie sich ihrer nicht schämen müssen, weder vor den Altersgenossen noch vor den Erwachsenen, und sie lernen vielleicht sogar, sie zu relativieren, das heißt sie abzubauen und ihre Phantasien mit der Wirklichkeit zu vergleichen. Die Kindergärtnerinnen können ihnen dabei helfen. Sie sind viel mehr als »fördernde Betreuer« der Kleinen. Ihre möglicherweise wichtigste Aufgabe ist die Vermittlerrolle zwischen Familie, Kind und sozialer Umwelt. Manchen der emotionalen Dramen, die sich in Kleinfamilien abspielen, können sie die Tragik der Ausweglosigkeit nehmen.

8 Mißverständnisse beim Hören und Sprechen

»Wo ist Opa?« fragt der vierjährige Tim seine Großmutter. »Er ist von uns gegangen.« Bis zum Tag der Beerdigung weicht der Kleine nicht von der Haustürschwelle und hält sehnsüchtig Ausschau. Der Großvater ist sein Abgott, und es will ihm einfach nicht in den Kopf, daß er fortgegangen ist, ohne ihm Bescheid zu sagen. Also würde er wiederkommen. Niemand klärt ihn über die Wahrheit auf. Die Erwachsenen wissen, was das heißt, »er ist von uns gegangen«. Das Kind weiß es nicht und soll es auch gar nicht wissen, denn man will ihm nicht weh tun.

Als der Tag der Beerdigung kommt, erfährt Tim dann zu seiner großen Verwunderung, Opa »schlafe« in dem mit Blumenkränzen bedeckten Sarg. Er versteht nicht, warum alle weinen oder so traurige Gesichter machen. Auf dem Friedhof erklären ihm die Eltern, nun komme der Großvater in den Himmel. Tim ist nicht dazu zu bewegen, den Friedhof zu verlassen. Die Mutter ruft ihn vom Tor aus: »Tim, was machst du denn noch?« Tim antwortet: »Ich warte, daß Opa in den Himmel geht.«

Unumgänglich, ihm nun doch die Wahrheit zu sagen.

Natürlich versteht der Kleine sie. Aber er scheint lange nicht darüber wegzukommen, daß man sie ihm zum richtigen Zeitpunkt verschwiegen hat. Er hätte gern von seinem Großvater Abschied genommen. Nun fehlt seiner »Trauerarbeit« der Boden der Wirklichkeit.

Es geht hier nicht etwa darum, den Reichtum unserer Sprache an Metaphern, ihre Bildhaftigkeit zu verwerfen. Bilder und Vergleiche machen Saft und Kraft des Ausdrucks aus, erfüllen ihn mit Leben und helfen oft zu einem unmittelbaren Verständnis. Wir bedenken jedoch nicht, was manchmal in der kindlichen Phantasie dabei herauskommt.

Auch das ist weder zu vermeiden noch zu beklagen. Die Metaphern laden das Kind zu kreativen Umwegen und auch Abwegen ein, die es in gleichsam exotische Gärten seiner Imagination führen. Der französische Schriftsteller Michel Leiris hat das höchst eindrucksvoll und amüsant in einem Buch geschildert. Er erzählt unter vielen dieser in der deutschen Sprache nicht nachvollziehbaren Mißverständnissen, in welche Spekulationen er als Kind abtauchte bei Sätzen oder Ausrufen wie: »Nun wein doch nicht wie eine Madeleine!« Ein Kind in Frankreich denkt bei Madeleine nicht an die heilige Magdalena, sondern an jene kleinen, ovalen Sandkuchen mit dem runden Buckel in der Mitte. Ihr zarter Geschmack und Duft lösen schon bei Proust in seiner »Suche nach der verlorenen Zeit« eine ganze Welle von Kindheitserinnerungen aus. Der kleine Leiris jedenfalls hatte einige Mühe, mit einem in Tränen zerfließenden Sandtörtchen etwas anzufangen. Diese ganz gewöhnliche Sprache, schreibt Leiris in seinem Buch, die er jeden Tag höre, »erweist sich für den jungen Analphabeten als mit Geheimnissen und Schwierigkeiten beladen ...«,[32] der »so ausgesprochene Satz als obskurster Spruch, der jemals über die Lippen des Orakels kam!« Jedoch haben ihn gerade solche Verständnisirrwege noch in späteren Jahren zu einer in der Weltliteratur einzigartigen sprachlichen Genauigkeit, Sensibilität und Kreativität angeregt.

Die Sprache der Liebe

Nur wenn wichtige Fragen gestellt werden, sind weder absichtlich verharmlosende Verschleierung (Opa ist von uns gegangen) angebracht, so wie die beschriebenen Metaphern sie anbieten, noch unachtsame Ungenauigkeiten.

Die erfahrene Kinderanalytikerin Françoise Dolto ist der Meinung, man sollte Kindern immer die Wahrheit sagen, ganz besonders dann, wenn es um die »Tatsachen des Lebens« geht: Tod, Geburt, Liebe, die eheliche oder uneheliche Herkunft eines Kindes, Adoption, Scheidung. Kinder, auch schon die kleinsten, die gerade erst sprechen lernen, verstehen viel mehr, als Erwachsene denken. Man muß nur eine einfache, ehrliche Sprache finden und auch mit Geduld auf ihre dann auftauchenden Fragen warten, um sie angemessen zu beantworten. Das Kind zeigt mit seiner Art, zu fragen oder irgendwelche »Themen« aufzuwerfen, wie weit man mit seiner Antwort gehen muß. Das trifft auf Fragen der Sexualität ebenso zu wie auf andere existentielle Probleme.

Der Kinderpsychotherapeut Guillerault hat die Erfahrung gemacht, daß es Kindern weniger um technisch-detaillierte Informationen geht: Zum Beispiel bei Fragen über Sexualität sei es nicht, wie viele Erwachsene annehmen, die anatomische Beschreibung, die das Kind interessiere. Es erwarte eine ehrliche Antwort, aber eher in der symbolischen Sprache der Liebe und der Beziehung als der Anatomie. Um sein Verständnis der Welt zu erweitern, ist es wichtig, daß man dem Kind Ereignisse wie Tod und Geburt, wie Zeugung und Vaterschaft – biologische oder ideelle – im Zusammenhang der Beziehungen, die Menschen miteinander verbinden, erklärt. Ein großes Mißverständnis der letzten Jahre war, daß man glaubte, Kinder der Wahrheit näher zu bringen, indem man ihnen anatomische Zeichnungen zeigte, ihnen detailgetreu erklärte, was ein Mann und eine Frau beim Zeugungsakt »technisch ausführen«. Zum Erstaunen der dabei eher genierten Erwachsenen machen diese Beschreibungen gar keinen Eindruck auf das Kind. Sie bleiben ihm ebenso fern, so unbegreiflich wie das Funktionieren eines Elektronenmikroskops.

Brennend dagegen interessiert es sich dafür, was diese Geschehnisse für es selber, für seine Existenz inmitten einer Familie bedeuten. Welchen Einfluß haben sie auf die Beziehungen, wie empfinden die anderen sie? Was erleben Vater und Mutter, wenn sie zärtlich miteinander sind, was bedeutet es für die Eltern, wenn sie sich trennen? Hassen sie sich? Lieben sie das Kind noch? Auch der, der fortgeht? Was erlebt die Mutter, wenn der Vater ihres Kindes niemals mit ihr zusammengelebt hat? »Haben sie sich geliebt, damit ich entstand?« wird es sich fragen. »Oder war ich ein Zufall? Wollten mich meine Eltern wirklich?« Françoise Dolto meint, es sei das Kind selber, das die Eltern veranlaßt, es zur »Welt zu bringen«. Jedenfalls sei es unabdingbar, ihm in einer Sprache der Liebe und nicht der Technik die Wahrheit zu erklären.

Die Botschaft hinter der Botschaft

Meist kann oder will das Kind seine Fragen nicht so klar formulieren. Oft versucht es, durch ein beiläufiges Wort, ein Insistieren auf einem Ereignis die Erwachsenen auf eine Spur zu bringen. Sie sollen mit ihm über ein Thema reden, das es für sich selber vielleicht noch nicht eindeutig umrissen hat oder aus Scham und Rücksichtnahme auf die Gefühle anderer nicht gleich offenlegen will. Dieses Verhalten zeigen auch Jugendliche. Der Pariser Spezialist für körperliche und seelische Krankheiten bei Adoleszenten, Victor Courtecuisse, sagt, wenn ein junger Mensch in einer nur anspielenden Weise von einem Freund erzählt, dem dies oder jenes passiert sei und der fürchte, daß …, »dann muß man vielleicht versuchen, die Botschaft hinter der Botschaft zu hören«.

Marielle ist acht Jahre alt und lebt in Paris. Ihre Mutter und ihr Vater sind befreundet, waren aber nie verheiratet und haben nie zusammengelebt. Marielle lebt bei der Mutter. Die beiden haben eine innige, fein aufeinander abgestimmte Beziehung. Der Vater, auf den Marielle ungeheuer stolz ist und den sie ebenso zärtlich liebt wie er sie, hat seit einiger Zeit eine Freundin. Er ist oft mit ihr bei Marielles Großeltern (seinen Eltern) zu Besuch und trifft dann dort – vor allem in den Schulferien – auch seine Tochter.

Eines Tages, als sie mit der Großmutter allein ist, sagt Marielle ziemlich unvermittelt: »Weißt du, ich habe drei Mütter, das ist doch toll, nicht wahr?« Die Großmutter, Colette, ist verwundert, fast ein bißchen schockiert. Wie das gemeint sei, fragt sie. »Nun ja«, erklärt Marielle, »die eine ist Mama, die zweite ist Sophie (die Freundin des Vaters) und die dritte Carolines Mama (die Mutter ihrer besten Freundin, bei der sie oft zu Besuch ist).« Damit weiß nun die Großmutter eigentlich auch nichts anzufangen. »Na, wenn du meinst«, sagt sie ein bißchen hilflos. Das Thema ist ihr nicht ganz geheuer, weil sie weiß, daß die Kleine gewisse Schwierigkeiten hat zu akzeptieren, daß ihr Vater und ihre Mutter nicht zusammen sind.

Als ich mich später mit Colette unterhalte, wird ihr klar, daß es eigentlich ganz einfach gewesen wäre, das Gespräch mit dem Kind fortzusetzen. Marielle hatte ihr sozusagen einen Ball zugeworfen. Sie hatte keine präzise Frage. Aber sie wollte offensichtlich über ihre Familiensituation reden und ein bißchen Licht hineinbringen. Sicher ging es auch diesem kleinen Mädchen um Fragen der

Beziehungen, die alle diese Menschen zueinander und miteinander hatten. Und welchen Einfluß diese wiederum auf ihre Gefühle zu ihr, Marielle, haben konnten. Wo war ihr Platz in diesem Geflecht von Verbindungen und Entbindungen, von Liebe und Freundschaft, von sexuellen Liebesbeziehungen zwischen den Eltern und zwischen dem Vater und seiner Freundin? Und was bedeutet Familie überhaupt? Gehörte ihre beste Freundin samt ihrer Mutter auch irgendwie dazu? Oder handelte es sich da um völlig andere Beziehungen? Ein ganzer Wust von Fragen, die einzeln weder gestellt noch beantwortet werden konnten. Sie waren eigentlich über Wochen und – wie sich zeigte – über Monate und Jahre hinweg für das kleine Mädchen ein Dauerthema. Immer wieder schlich sie sich von einer anderen Seite an sie heran. Einmal blätterte sie mit Colette in einer Enzyklopädie und legte den Finger auf ein Ereignis im Jahr 1983, ihrem Geburtsjahr. Die Großmutter fing auch diesen »Ball« nicht auf. Erst später, als sie darüber nachdachte, verstand sie, daß sich Marielle gar nicht für das in dem Buch erwähnte Ereignis interessiert hatte, sondern daß sie über ihre Geburt und ihre Herkunft reden wollte.

Das Problem bei älteren Kindern und insbesondere Teenagern sei, erklärt Victor Courtecuisse in seinem Buch über Adoleszenten, daß gerade zu dem Zeitpunkt, an dem der Wunsch nach Kommunikation besonders drängend sei, der Jugendliche nicht unbedingt in der Lage sei, sich ihr einfach zu überlassen, zumal Emotionen selten ein In-Worte-Fassen erleichtern.[33] Ältere Kinder und

Teenager schwanken oft zwischen totaler Isolation in Schweigen und endlosen Gesprächen – vor allem am Telephon – mit Freunden. Nicht leicht für Eltern, damit umzugehen und immer die an sie gerichteten »messages« zu entziffern. Vielleicht ist es diese Hilflosigkeit, die Mütter und Väter veranlaßt, ihre Gespräche nur noch auf den Bereich Schule und Hausaufgaben zu beschränken. Darüber jedenfalls beklagen sich die Kinder. Wenn man sie fragt, worüber die Eltern mit ihnen reden, dann antworten sie: »Na ja, Schule, Zensuren und so …«

Neuerdings zeichnet sich jedoch positiv ab, das zeigt eine Studie der Universität Hamburg-Eppendorf über das sexuelle Verhalten der 16- bis 18jährigen, daß zwischen ihnen und ihren Eltern heute so offen und freundschaftlich wie noch nie über Beziehungen, insbesondere auch Liebesbeziehungen mit Freunden und Freundinnen geredet wird.[34] Viele der Jugendlichen erklärten, daß sie in ihren Müttern oder Vätern ihre besten Freunde sehen. So scheinen Mißverständnisse mit dem zunehmenden Alter der Kinder in feinfühlig miteinander umgehenden Familien eher abzunehmen. Nicht immer stimmt die Volksweisheit: Kleine Kinder – kleine Sorgen, große Kinder – große Sorgen.

Wie entwickelt sich Kommunikation?

Sprache ist Kommunikation. Sie hilft schon dem gerade erst »Mama« und »Papa« herausbringenden Baby und mehr noch dem Kleinkind – in ähnlicher Weise wie seine »Fernsinne« Hören und Sehen –, eine Bindung auch über eine räumliche Entfernung hinweg aufrechtzuerhalten und herzustellen. Es muß nicht Haut an Haut mit der Mutter sein, um mit ihr zu kommunizieren.

So entsteht Sprache zunächst im Dienst dieses »Zwecks«, sich der Bindung und Kooperation der Mutter, des Vaters, der älteren Geschwister zu versichern. Das heißt, sie entwickelt sich ganz und gar eingebettet in diese ersten engen Beziehungen. Erst nach und nach mit der wachsenden Unabhängigkeit des Kindes löst sie sich aus diesem Bindungskontext. Allmählich kann sie sich dann abstrakteren Inhalten öffnen. Das geschieht, indem das Kind in seinen Erfahrungen weitere Kreise zieht, indem sich ihm eine soziale Welt auch außerhalb der Familie erschließt. »Die völlige Loslösung aus dem Miteinander des Dialogs erreicht erst die schriftliche Sprache«, erklärt Klaus Großmann.[35]

Sie müsse »zum Zwecke abstrakter Wissensvermittlung abstrakt werden und sich gegenüber dem Netz individueller Erfahrungen und Bedeutungen verselbständigen«. Dieser Prozeß läuft nicht ohne Schwierigkeiten ab. »Das Kind muß fertig werden mit der Diskrepanz zwischen den vertrauten mitmenschlichen Beziehungsqualitäten und der daraus erwachsenden Beziehungsfähigkeit einerseits und dem Ideal und der Notwendigkeit wirkungsvollen formalen Wissens andererseits.«[36]

Dies ist sozusagen das Modell. In der alltäglichen Wirklichkeit hat das alles sehr unterschiedliche Färbungen. Die erste Kommunikation, die der Bindung – ganz am Anfang, solange sie noch im Zeichen des genetischen Programms des Austauschs von gestischen, mimischen und lautlichen Signalen steht–, geht noch relativ einfach. Dann jedoch wird die Sprache der familiären Beziehung oft herabgewürdigt zu einer Sprache der Befehle. »Die meiste Zeit reden wir mit unseren Kindern wie ein ›flic‹ (Polizist)«, räumt Guillerault bedauernd ein. »Mach Ordnung! Wasch dir die Hände! Halt den Mund! Beeil dich!« Gerade in der Zeit, wo nach Françoise Dolto eine differenzierte und liebevolle Kommunikation nötig ist, um die vielen Ablösungsprozesse des Kindes zu erleichtern, benutzen wir Sprache leider allzu oft als Mittel der Macht, der Ordnung. Kommunikation wird dann in einem gewissen Maß zu einem Träger von Gewalt. Das Ideal der Kommunikation ist Gleichheit, die Anerkennung des Partners. In der Befehlssprache, der Aufrufe zur Ordnung, gibt es jedoch keine Gleichheit und Anerkennung. Diese autoritäre Art der Kommunikation ruft – im Gegensatz zur »idealen«, auf Gleichheit und Freiheit basierenden – Lähmung hervor. Die Aufforderung »geh spielen« enthält diese Lähmung. Würde uns jemand im Befehlston verordnen: »Geh jetzt ins Kino!«, verginge uns garantiert die Lust dazu. Eine ähnliche Inhibition nimmt dem eben noch spielbereiten Kind seine Freiheit zu handeln, sie öffnet nicht, sondern schließt eine Tür. Sie stellt eine Reduktion, eine Minderung der Kommunikationsmöglichkeiten dar. Ein Dialog kann so niemals zustande kommen.

Wenn wir Kinder beim Spielen beobachten, können wir oft sehen, wie sie uns im Umgang mit ihren Puppen oder mit Gleichaltrigen einen Spiegel vorhalten. Sie finden sehr schnell den Zutritt zu dieser Sprache der Macht. Ein in Paris lebender Regisseur erzählte mir, daß er als Dreijähriger 1947 mit seinem Vater an einer Massenkundgebung, auf der de Gaulle sprach, teilgenommen hatte. Als er nach Hause in die Familie zurückkehrte, die in zahlreicher Runde beim Mittagessen versammelt war, stieg er auf einen Stuhl und rief: »Alle aufstehen, Arme hoch und ›vive de Gaulle‹!« Das Gefühl der »Domination«, das von dieser Sprache ausging, hatte »mich tief beeindruckt und in einen regelrechten Machttaumel versetzt«, meint er heute.

Je unabhängiger das Kind wird, je mehr es die Dinge, die Menschen, die Welt, die Worte erkundet, desto mehr befreit es sich aus dieser sprachlichen Domination. Wie oben schon am Beispiel von Leiris beschrieben, gewinnt seine Imagination immer mehr Terrain, Geheimnisse tun sich auf und fordern es auf, sie zu erschließen.

Gelegentlich lassen sie es auch hilflos. Vor allem dann, wenn die Mutter widersprüchliche Botschaften vermittelt: wenn ihre Worte nicht mit ihren Handlungen, ihrer Mimik oder ihrer Körpersprache übereinstimmen. Sprache kann nie aus dem Kontext des Verhaltens gelöst werden. Ist sie unstimmig oder im Gegensatz zu ihm, kann das Kind sie nicht mehr »dekodieren«, entziffern. Im schlimmsten Fall wird es krank. Dies ist jedoch die Ausnahme.

In einer normalen Familie »badet« das Kind buchstäblich in Kommunikation – mit all ihrem Mysteriösen. Seine Sprache wird damit immer reicher, es beginnt, sie sich wirklich zu eigen zu machen. Oft ist es ganz allein mit der Sprache. Sie dient ihm auch, sich selber zu finden. »Wer bin ich, wenn ich spreche, wenn ich ›Ich‹ sage?« Diese Frage ist der Grundstein zu einer wirklichen »Intersubjektivität«, der Möglichkeit der Kommunikation von einem »Ich« mit einem anderen – in der Anerkennung, aber nicht mehr der Beherrschung des anderen.

Sprache erlaubt ihm auch, sich gegen andere abzugrenzen, zum Beispiel gegen die Mutter. Diese hängt oft noch der Illusion einer vollkommenen Transparenz und Macht nach (gewiß einer liebevollen Macht), lange nachdem ihr Kind dem Babyalter entwachsen ist. Das kleine Mädchen oder der kleine Junge können mit Hilfe der Sprache solchem Verhalten gegenüber eine Distanz schaffen. Sie können Dinge für sich behalten oder preisgeben, so oder so erzählen, sie können Ereignisse mit Worten in ein anderes Licht setzen. Die Mutter fördert das Kind dabei, indem sie es nicht zu lange zu eng an sich bindet. Sie gewinnt selber, wenn sie dazu beiträgt, daß es sich von ihr emanzipiert.[37] Denn so vermag es eine reifere Beziehung zu ihr aufzubauen. In der Befreiung aus der Enge der frühen Bindung bringt es ihr eine neue Art echter Partnerschaft entgegen, von der sie selber in ihrer Entwicklung nur profitieren kann. Dieser Emanzipationsprozeß wird vor allem von einer nie abreißenden liebevollen Kommunikation gefördert, dem Gegenteil der autoritären Sprache. Sie räumt dem Partner Freiheit ein, statt ihn zu unterdrücken.

Wir selber können dabei lernen, auch unsere Wünsche oder Aufforderungen an das Kind in einer Sprache der Gleichberechtigung, des Respekts und der Ehrlichkeit auszudrücken. Nicht: »Geh spielen!«, sondern: »Ich möchte gern ein bißchen in Ruhe lesen. Was möchtest du machen?« Nicht: »Nun mach endlich zu, deine ewige Trödelei bringt mich um!«, sondern: »Ich fürchte, wir kommen zu spät zu deiner Turnstunde. Vielleicht schaffst du es, dich ganz schnell anzuziehen.« Nicht: »Du hältst jetzt den Mund!«, sondern: »Einen Moment bitte, Lisa, ich möchte gern mit deinem Vater diese Sache zu Ende besprechen, dann höre ich dir zu. Erinnere mich daran, wenn ich es vergesse.«

Kompliziert wird die Sache dadurch, daß die hier nacheinander geschilderten Phänomene, die Kommunikations-Verhaltensweisen, in Wahrheit nicht einfach aufeinander folgen. In irgendeiner Weise sind sie alle von Anfang an da. Das Kind beherrscht zwar zuerst selber die Sprache noch nicht, aber es ist schon von allem umgeben, was sie an Möglichkeiten enthält. Wie gesagt, es »badet« darin: in der Sprache der Liebe und Bindung, der Befehlssprache, der Sprache des freien gleichberechtigten Dialogs, der Sprache der Erzählung. Der Reichtum der Kommunikation liegt in dieser Gesamtheit und in ihrer Spontaneität.

Mißverständnisse verlieren in dem Maß ihr Quälendes, je mehr Gleichheit und Anerkennung der Erwachsene dem Kind einräumt, je mehr er wirklich zuhört. Um nicht falsch zu hören. Mißverständnis heißt auf französisch »malentendu« – ein »Schlecht-Gehörtes«.

9 Erwartungen und Projektionen

Dominik kam als viertes Kind seiner Eltern zur Welt. Zwei Schwestern, die jüngste etwa sechs Jahre älter als er, waren bei seiner Ankunft eifersüchtig. Zwei Jahre, bevor Dominik geboren wurde, war sein älterer Bruder im Alter von zweieinhalb Jahren gestorben. Die Mutter hatte den Tod ihres damals einzigen Sohnes nicht verwunden. Dominik wurde mit zwiespältigen Gefühlen erwartet. Er war eigentlich nicht »geplant« gewesen, und die Mutter konnte sich in ihrer Trauer um den verstorbenen Jungen nicht von Aggressionen gegen den Neuankömmling freimachen. Als sie bei der Geburt erfuhr, daß es wieder ein kleiner Junge war, wußte sie nicht, ob sie ihn hassen oder lieben sollte. Das letzte Gefühl überwog, aber bei der Frau schlich sich der Gedanke ein, daß Dominik eigentlich ein zweiter Daniel – so hatte der Bruder geheißen – sei. Es war klar, er sollte den betrauerten Bruder ersetzen. Vater und Mutter behandelten ihn wie einen kleinen Prinzen, was die Eifersucht der Schwestern bis zu Gewalttätigkeiten gegen das Kind steigerte. Namentlich die älteste Schwester, die zuerst insbesondere die Liebe des Vaters ungeteilt genossen hatte, drangsalierte den Kleinen, wo es nur ging. Die heute erwachsene Frau gestand jetzt nach vierzig Jahren ihrem Bruder, daß es ihr am liebsten gewesen wäre, er hätte gar nicht gelebt. Ihre Eifersucht hatte sie nie verlassen.

Eine schwere Hypothek für das Kind. Es mußte Ersatz für einen anderen, das heißt, es durfte nicht es selber sein. Und wurde für seine Existenz auch noch von zwei älteren Schwestern gehaßt. Dominiks Dasein war ein Mißverständnis. Von Anfang an. Er hat es nicht ohne Verletzungen und Narben hinter sich gebracht. Der hochbegabte Junge, der ungeheuer sprachgewandt war, wurde später Maler. Er entwickelte Strategien, »die Gewalt«, die in dem Mißverständnis seines Lebensbeginns lag, nicht zu dicht an sich heranzulassen. Die Flucht in ein reiches Phantasie- und Geistesleben konnte jedoch nicht verhindern, daß sein emotionales Verhältnis zu anderen Menschen schwierig war und blieb. Je näher ihm jemand stand, je lieber ein Mensch ihm wurde, desto mehr suchte er Distanz. Vielleicht schützte er sich so vor Wiederholungen der Verletzungen, welche ihm gerade jene Menschen zugefügt hatten, die ihm am nächsten standen, die ersten »Bindungsfiguren«. Trotz aller Liebe konnte ihm die Mutter gar nicht gerecht werden, weil sie ihn nicht als Dominik, sondern als Daniel erkannte. Außerdem war sie selber so tief verwundet, daß sie Gefühle kaum noch zuließ und auch kaum zeigte. Auch Dominik mag Gefühle weder aussprechen, vielleicht auch nicht empfinden, noch sie bei anderen in zu starker Nähe erleben. Er muß sich um so mehr vor ihnen schützen, als sie die alten, frühkindlichen Ängste in ihm mobilisieren. Er sagt, er hat nicht gelernt, sich abzugrenzen, »sich zu verschließen«.

Wenn ein Kind nicht es selbst sein darf

Eine Mutter gesteht ihrer erwachsenen Tochter, daß sie enttäuscht war bei ihrer Geburt. Sie hatte sich vorgestellt, sie würde einen Sohn bekommen. Die Tochter war eigentlich nicht sehr erstaunt. War dies der Schlüssel zu dem Gefühl, das sie immer gehabt hatte, fragt sie sich, niemals richtig geliebt worden zu sein? Der Verdacht wurde noch verstärkt dadurch, daß die Mutter mehrfach erwähnte, wie ähnlich das Mädchen ihrer eigenen älteren Schwester Klärchen sei. Irgendwann war ihr dann in aller Unschuld herausgerutscht: »Weißt du, ich konnte Klärchen eigentlich nicht ausstehen.« Was auch immer der Grund für diese Abneigung gewesen sein mag, sicher schien, die Tochter war nicht das Baby und später die Heranwachsende, die sich jene Frau gewünscht oder erwartet hatte.

Ein zwölfjähriges Mädchen, Tina, geht an der Seite ihrer Mutter durch die Stadt. Die Kleine ist wie üblich in Gedanken versunken, sieht kaum, was um sie herum vorgeht. Sie lebt die meiste Zeit in ihren Phantasien. Zur Zeit sieht sie sich als Prinz in einem russischen Märchen. Sie spielt gern Theater, inszeniert kleine Stücke in der Schule mit ihren Klassenkameraden und liebt es, dabei die Rolle des männlichen Helden zu übernehmen. Wo auch immer sie sich gerade aufhält, geht oder steht, versucht sie die vorgestellten Attitüden, die Mimik der Idealfigur anzunehmen. Sie probiert sie wie verschiedene Kleider aus, bis sie die gefunden hat, die sich richtig anfühlen, die ihr den Eindruck vermitteln, ganz in die Haut des anderen geschlüpft zu sein. Um so verblüffter ist sie, als die Mutter sie plötzlich aus ihren Träumen reißt: »Hör doch endlich auf, mit den Männern zu kokettieren!« Tina weiß nicht einmal genau, was das ist, »kokettieren«. Sie fragt, was die Mutter meint. »Nun tu bloß nicht so, du versuchst doch, alle Männer zu provozieren.« Tina hatte nicht einmal bemerkt, daß Männer an ihnen vorbeigekommen waren und sie vielleicht interessiert angesehen hatten.

Später als Teenager bringt sie es nicht fertig, ihren Charme einzusetzen, wenn ihr ein Junge gefällt. Sie fühlt sich blockiert. Das Gefühl stört sie über viele Jahre hinweg. Bis ihr eines Tages ein Licht aufgeht: Die Mutter erinnert sich an ihre eigene Jugend. Sie berichtet, wie streng sie als junges Mädchen in ihrer puritanisch preußischen Familie gehalten wurde. Wie wenig Freiheit man ihr gegönnt hatte. Diese Frau hatte ihre geheimen Wünsche, mit jungen Männern zu flirten, niemals ausleben können. Noch als reife Frau kommt sie darüber nicht hinweg. Nun projiziert sie all das Unerfüllte in ihre Tochter. Sie ist eifersüchtig auf sie. Tina fühlte sich von dem Moment dieser Erkenntnis an befreit von dem unerklärlichen »Schuldgefühl«. Deprimierend hatte es auf ihr gelastet.

Diese harmlose Geschichte zeigt schon, wie stark eine mütterliche Vorstellung von dem, was das Kind ist oder zu sein hat, es geradezu zwingt, jemand anders als es selbst zu sein. Übrigens, der Mutter ist, wie in all diesen Beispielen falscher Erwartungen, kein Vorwurf zu machen.

Sie weiß nicht, daß sie ihre eigenen Wünsche und Sehnsüchte in die Tochter verlagert hat, der sie nicht gönnt, das auszuleben, was ihr verwehrt war. Unbewußt ist die Projektion und auch die Eifersucht auf das Kind.

Manchmal werden positive und negative Projektionen auf verschiedene Kinder verteilt: Das eine darf immer alles richtig und gut, das andere muß immer alles falsch und schlecht machen. Eine Dreizehnjährige – die heute in Paris lebende deutsche Malerin Dagmar Fedderke – schreibt in ihr Tagebuch: »Neulich kam ich mit Kirsten (Dagmars älterer Schwester) in die Stube. Meine Schwester hatte schwarze Strumpfhosen an, einen schwarzen Pullover und Muttis guten schwarzen Hut auf. Mutti stieß Vati an und sagte: ›Da guck dir mal deine Tochter an, gut, was?‹ Kurz darauf zog ich das gleiche an, denn ich habe auch eine schwarze Strumpfhose und den gleichen Pullover, ich setzte auch den Hut auf. Als ich hereinkam, sagte Mutti: ›Leg den Hut sofort wieder an seinen Platz, das ist kein Spielzeug‹, mit einem Blick, der drohend war. Das hat mir einen ganz schönen Schlag versetzt … Aber ich bin Mutti ja gar nicht böse. Ich bin nur traurig, weil sie mich nicht mehr so liebhat wie früher.« Einen Tag später fügt sie hinzu: »Das, was ich von Mutti geschrieben habe, ist sehr, sehr ungerecht …«

Das Mädchen kann nicht zulassen, seine Mutter in diesem negativen Licht zu sehen. Sie muß ihr nachträglich recht geben. Und sei es um den Preis, damit einen Teil ihrer Identität aufzugeben. Auch dieses Mädchen darf nicht es selber sein.

Bertrand Cramer berichtet von einer Frau, die eine von Aggressivität bestimmte Beziehung mit ihrer eigenen Mutter erlebt hatte. Diese war oft grob und verletzend, kurz, wenig liebevoll mit dem Kind umgegangen. Die junge Frau, Evelyne, hatte nun selber eine kleine Tochter, Marie. Mit ihr kam sie zu Cramer in die Therapie, weil sie mit dem Kind nicht »fertig wurde«, das sie als übermäßig aggressiv beschrieb. Es verfolge sie regelrecht und kratze sie. Cramers Beobachtungen ergaben ein anderes Bild: Das Kind faßte zwar die Mutter an und griff ihr ins Gesicht. Es schien damit jedoch lediglich Aufmerksamkeit und Zuwendung erreichen zu wollen. Cramer erklärt: Evelyne beklage sich auf dem Weg über Marie über die Grobheit ihrer Mutter. Die Kleine »handelt an Stelle der Großmutter, und genau wie diese versetzt sie Evelyne ... in Furcht und Schrecken«.[38]

Kein Kind wird in einen luftleeren Raum hineingeboren. Die Eltern, die es erwarten, haben bestimmte Erfahrungen und Erlebnisse hinter sich, sie leben in einem sozialen Umfeld, das ihre Vorstellungen prägt, und sie hegen in ihrem Inneren ungestillte Sehnsüchte und unerfüllte Träume. Alle Eltern haben bereits vor der Ankunft eines Babys Erwartungen. Sie sind meist unbewußt und mehr oder weniger rigide oder flexibel. Manchmal erfüllt ein Baby genau den sehnlichsten Traum seiner Eltern. Es wird zum richtigen Zeitpunkt mit den richtigen »Merkmalen« geboren. So ein Kind vermag durch seine Ankunft, sein Geschlecht oder sein Naturell ein von den Eltern angestrebtes Vollkommenheitsideal zu verwirklichen. »Dann wird alles einfach; jeder Entwicklungsschritt bestätigt den elterlichen Plan ...«, schreibt Cramer.[39] Dann darf das Kind es selber sein. Entspricht das Kind jedoch diesen Träumen nicht oder soll es gar eine andere Person ersetzen, dann ist schon seine bloße Existenz sozusagen ein Mißverständnis. Es ist, als sei es unter einem schlechten Stern zur Welt gekommen.

Solche Basismißverständnisse sind Erwartungen der Eltern an ihr Kind, bevor es überhaupt Zeit hatte, sich zu entfalten. Damit hier für den Leser kein Mißverständnis entsteht: Es sind keine Bosheiten der Eltern, es ist kein Mangel an Liebe und auch kein Fehlverhalten – keine Schuld: Wir alle sind einfach so. Niemand ist ohne unbewußte und bewußte Erwartungen. Und wir alle machen sie an Menschen fest, die uns nahestehen. Meistens haben sie keine dramatischen Folgen, denn die vorgefaßten Hoffnungen werden bei der Ankunft des Kindes schnell revidiert. Das Mißverständnis der falschen Erwartung löst sich auf, weil Eltern sich in der Regel vom unwiderstehlichen Charme ihres Babys einfangen lassen, weil sie sich sozusagen in es verlieben. – »Sieh doch, wie süß seine dunklen Augen blitzen!« Die Mutter hat schon ganz vergessen, daß ihre Idealvorstellung ein blauäugiges Baby war. – Wenn die Eltern selber beweglich genug sind, können sie dann, wie der englische Psychoanalytiker und Kinderarzt Winnicott es in einem eindrucksvollen Bild beschreibt, der »Spiegel« des Kindes werden, der ihm zeigt, wer es ist. Auch, daß es ein schönes, kräftiges, wunderbares Kind ist, besser, als sie es sich je haben träumen lassen. Das haben wir doch schon erlebt, nicht wahr? Bei uns selber oder unseren Freunden.

Bettelheim schildert genau diesen Vorgang des »falling in love« – des Sich-Verliebens in ihr Baby – bei einer »hochbegabten Frau ..., die, solange sie sich erinnern konnte, davon überzeugt war, daß sie eine wunderbare Mutter abgeben würde ...« Sie bekam ein Kind, aber sie erlebte nicht, was sie erwartet hatte. Als sie ihr Baby glücklich und liebevoll an die Brust nehmen wollte, kuschelte es sich nicht wie erwartet an sie und begann nicht gleich zu saugen. Im Gegenteil, es wehrte sich »zu ihrer großen Enttäuschung gegen sie. Es versuchte, sich strampelnd aus ihren Armen zu befreien, und fühlte sich offensichtlich unbehaglich.« Die Reaktion dieser Mutter, die sich selbst gegenüber »immer sehr aufrichtig war«, bestand zunächst nur darin, daß sie sagte: »Darauf war ich nicht gefaßt!« – »Glücklicherweise überlegte sie sich die Situation noch einmal gründlich«, schreibt Bettelheim, »und sagte sich: ›Ich habe mir immer ein Kind mit einem eigenen Willen gewünscht ... das eine einzigartige Persönlichkeit werden sollte‹«. Diese Mutter konnte so ihren Groll und ihre erste Enttäuschung überwinden und sich sogar wirklich freuen, daß ihr Kind einen eigenen »Charakter« entwickelte. Dem Kind war es gelungen, ihre mütterlichen Phantasien ganz einfach durch seine starke eindrucksvolle Gegenwart zu überwinden. So ging die Geschichte aus wie im Märchen: Und sie lebten glücklich miteinander ...

Erkennen Eltern ihr Kind als das, was es ist, sind sie bereit, es so anzunehmen und ihm ein magischer Spiegel zu sein, dann legen sie den Grundstein dafür, daß das Kind sich selber finden und all seine Fähigkeiten entfalten kann, daß es Selbstvertrauen bekommt. Das anfänglich meist vorhandene Mißverständnis verschwindet dann.

Anders, wenn es nie ganz aufgehoben wird, wie bei Dominik. Das Gefühl, eigentlich ein anderer sein zu sollen, hinderte ihn später im Leben häufig, seine Begabungen zu voller Blüte zu entfalten. Kurz vor dem Erfolg machte er unerklärlicherweise oft halt. Er hatte zunächst Musik studiert, hörte aber damit auf, als er es auf einem Instrument annähernd zur Perfektion gebracht hatte und ein Orchester ihn engagieren wollte. Ähnlich war es mit Schreibversuchen. Kurz vor der Vollendung und der bevorstehenden Veröffentlichung warf er sie weg. Er schien sich selber nicht zugestehen zu wollen, daß er, Dominik, ein begabter Künstler war. Erst eine Analyse, die ihn den Schlüssel zum Geheimnis seines Daseins, seiner frühkindlichen Ersatzexistenz, finden ließ, öffnete ihm die Tür. Endlich konnte er seine Begabung in der Malerei verwirklichen. Er hatte sich aus dem Mißverständnis befreit.

Die amerikanische Kinderanalytikerin Dorothy Bloch schildert mehrere solcher Schicksale. Sie behandelt Kinder, deren Lebensmißverständnis manchmal so belastend war, daß sie in Angst lebten, ihre sie in Wahrheit liebenden Eltern wollten sie umbringen. Die Analytikerin war über diese Entdeckung und die Erkenntnis, daß viele Kinder, ohne Wissen und Ahnung ihrer Eltern, solche Phantasien und Befürchtungen haben, so schockiert, daß sie zunächst selber nicht daran glauben mochte.

Ihre weiteren Beobachtungen in langjährigen Therapien zeigten dann ein häufig auftretendes »Muster«: Alle Kinder idealisieren ihre Eltern. Sie lassen den Gedanken, ihre Väter oder Mütter seien potentielle Kindermörder, nicht zu. Darum phantasieren sie dann, sie selber hätten durch ihren Unwert, ihr ungezogenes oder böses Verhalten die elterliche Ablehnung provoziert und verdient. Kinder, die sich nicht als sie selber erkannt wissen, fühlen sich oft abgelehnt, obwohl das keineswegs den tatsächlichen Gefühlen der Eltern entspricht. Viele von ihnen haben sogar wirklich aufopferungsvolle Mütter und Väter. Diese Kinder »wollen« dann später keinen Erfolg haben. Auch bei größter Begabung tun sie sozusagen alles, um die vermeintlich negativen Gefühle einer Mutter oder eines Vaters für sie zu rechtfertigen. So bleibt ihr Bild von ihnen intakt.

Was sind Projektionen?

Eltern kann es in jedem Fall nur nützen zu wissen, daß sich ein Baby und Kleinkind für alle »Projektionen« besonders willig »anbietet«. Auch wenn sie auf ihr eigenes Unbewußtes natürlich keinen willentlichen Einfluß nehmen können, so können sie sich diesem Gedanken öffnen, ohne sich für irgend etwas schuldig zu fühlen. Vielleicht macht es sie einfach ein bißchen sensibler für Signale aus den Tiefen unerklärlicher Mißverständnisse und für nicht dechiffrierbare Verhaltensweisen ihrer kleinen Tochter oder ihres Sohnes. Vielleicht wird ihnen klar: Der Weg zum Verständnis ihrer Kinder führt über das Verstehen dessen, was und wer sie selber sind. Der Psychotherapeut Guillerault ist überzeugt, das Baby ziehe Projektionen wie ein Magnet, wie ein Gravitationsfeld, geradezu an. Es ist von vornherein so etwas wie eine Symbolisierung des elterlichen Unbewußten. Außerdem hat es noch nicht genug Persönlichkeit und Sprachfähigkeit entwickelt, um sich dagegen zur Wehr zu setzen oder sich einfach abzugrenzen.

Die Erwartungen der Eltern sind sowohl bewußt als auch unbewußt. Nur die unbewußten bezeichnet die Psychoanalyse als Projektionen. Im Sinne Sigmund Freuds sind es Anteile der eigenen Persönlichkeit, die der Betroffene bei sich selber nicht wahrnehmen kann, weil er sie vielleicht nicht aushalten würde, und die er in andere, meist ihm nahestehende Personen auslagert. Dort kann er sie dann erkennen. Beispiel: Fritz kennt seine eigenen Aggressionen nicht. Er hält seinem Freund Philipp vor, der würde mit seinen Aggressionen nicht fertig. Oder: Anna ist in Hans verliebt, gesteht sich diese Gefühle jedoch nicht ein. Anna, Hans und Annas

Freundin Sybille gehen zusammen essen. Plötzlich bricht es aus Anna heraus: »Nun gib doch zu, Sybille, daß du ganz schön in Hans verliebt bist.« Sybille weiß nicht, wie ihr geschieht. Alle anderen Freunde haben längst kapiert, was los ist, nur Anna selber weiß es nicht. Die äußere Welt bietet uns also so etwas wie Formen für unsere innere Welt an. Man findet außen, was man innen nicht wahrnimmt. Die Psychoanalyse sieht in dieser Verlagerung eines Gefühls nach außen einen Schritt zur Selbsterkenntnis und Befreiung. Die bedürfen natürlich noch beträchtlicher »Arbeit«.

Auch das Kind projiziert. Sogar in viel stärkerem Maße als der Erwachsene. In seinem Entwicklungsprozeß ist das vollkommen natürlich. Wenn man ihm genügend Freiheit läßt, projiziert es in Gegenstände, Situationen, Tiere, Personen. Dieser Vorgang des »Nach-außen-Bringens« erlaubt ihm zu symbolisieren, was in ihm vorgeht – eine Voraussetzung für die Kommunikation mit dem »anderen«. Schließlich ist ein Symbol so etwas wie eine Übereinkunft zwischen Menschen. Mit seiner Hilfe kann man sich verstehen. So kann sich die Psyche aufbauen: in einem ständigen Wechsel von innen nach außen und außen nach innen, das heißt, indem das Kind etwas nach draußen bringt und das so Geformte wieder in sich aufnimmt. Psychoanalytisch gesprochen »Projektion« und »Introjektion«. Das, was ein Baby oder Kleinkind in sich aufnimmt und was in ihm sein eigenes Leben führt (was es »interiorisiert«), ist das Material, sind die Bausteine, aus denen es seine innere Welt konstruiert. Diese »innere Welt« ist die Basis für die Autonomie eines Menschen. So jedenfalls sieht es die Kinderpsychoanalytikerin Melanie Klein, die uns lange vor Françoise Dolto Türen zum Verständnis der Allerkleinsten – Neugeborenen und Babys – geöffnet hat. Ein gedankliches Modell, hervorgegangen aus der jahrzehntelangen Erfahrung mit Kindern.

Die Mutter (ebenso wie die übrige Umwelt des Kindes) spielt dabei eine wichtige Rolle. Diese ist um so positiver, je mehr sie sich bewußt ist, daß sie sich die Empfindungen ihres Kindes, seine Projektionen, nicht aneignen, sie nicht »auffressen« darf. Wenn sie versteht, daß seine Gefühle nur ihm gehören, ist sie bereit, es als Person anzuerkennen. Sie kann ihm dann das, was es ausdrückt, sozusagen zurückgeben, zusammen mit den Gefühlen, die sie selber für das Kind empfindet und die es in ihr hervorgerufen hat. Es bekommt also nicht einfach im Urzustand wieder, was es mehr oder weniger konfus nach außen gebracht hat, sondern seine Gefühle werden ihm gleichsam »bearbeitet«, geformt und strukturiert widergespiegelt – in einer Weise, die es ihm erlaubt, sie sich nun wirklich zu eigen zu machen. Eine Mutter, die in einer solchen Kommunikation der »Spiegel« ihres Kindes ist, hilft ihm, reifer und »selbst-bewußt« zu werden. Jedoch ist es nicht notwendig, dieses Gedankenmodell zu verstehen, um sich so zu verhalten. Mütter tun meist das Richtige, einfach aus Intuition, man könnte auch sagen Liebe, wenn man unter Liebe die Anerkennung des anderen als Person versteht.

Wenn wir Wunsch mit Bedürfnis verwechseln

Eltern sind auch nicht frei von solchen Projektionen, wenn es darum geht, eine Bitte ihres Kindes zu beantworten. Darum sind sie manchmal verwirrt. Sie können den Inhalt des kindlichen »Aufforderungssignals« nicht entziffern. Oft handeln sie vorschnell: Auf Schreien gibt es das Fläschchen. Auf die Bitte »Mama, ich will das Auto« wird sofort das Auto gekauft. Sie verwechseln Wunsch oder Sehnsucht mit Bedürfnis. Das Kind weint nach der Mutterbrust – vielleicht gar nicht aus Hunger, denn es hat gerade getrunken, sondern aus Sehnsucht nach Liebe, Nähe und Kommunikation. Der kleine Junge, der sich das Auto wünscht, ist sofort gelangweilt, als es in seinem Besitz ist.

Françoise Dolto beschreibt an einem solchen Beispiel, wieviel mehr das Kind davon hat, wenn die Mutter seine sich in der Bitte ausdrückende Sehnsucht richtig versteht. Wenn sie sie nicht sofort mit dem Kauf erstickt, sondern ein Gespräch mit dem Kind aufnimmt, gemeinsam mit ihm dieses und andere Spielzeugautos betrachtet, sich darüber mit ihm unterhält, welches wohl die Vorzüge des einen oder anderen seien. Das Kind, so erklärt sie, kann dann ein wirkliches Glücksgefühl erleben, das der bloße Besitz der »Sache« niemals hervorrufen könnte. Der Gedankenaustausch mit der Mutter, ihr Interesse und ihr Vergnügen, es mit dem Kind zu teilen, sind unschätzbar viel wertvoller als jedes bunte Plastikauto, und sei es auch noch so raffiniert.

Der kanadische Poet und Sänger Gil Vignaud, der auch Geige spielt, wird von seinem vierjährigen Sohn bedrängt: »Papa, Geige. Papa, Geige.« Der Vater fragt: »Was möchtest du, eine Geige haben oder Geige spielen?« Der Kleine weiß nicht, was er will. Schließlich, nach einigem Hin und Her, antwortet er: »Geige spielen.« Der Vater lehrt ihn Geige spielen. Der Kleine ist hoch beglückt und widmet sich den Übungen mit Eifer. Später bekommt er wohl seine eigene Geige. Der kluge Vater hat erkannt, daß es dem Kind um weit mehr als den Besitz eines Gegenstands ging. Dabei war das anfangs gar nicht leicht zu erkennen.

Die andere Geschichte: Ein Vater wird von seiner kleinen Tochter geradezu angebettelt: »Bitte, ich möchte Klavier spielen lernen.« Auch dieser Vater versteht die Bitte des Kindes richtig. Leider kommt ihm der übereifrige Großvater zuvor. Er kauft dem Kind unverzüglich ein Klavier. »Und hat Alice Klavier spielen gelernt?« frage ich den Vater. »Natürlich nicht«, sagt der. Er war wütend, weil der Großvater, wie er sagte, »das ›désir‹ – die Sehnsucht – des Kindes zerstört« hatte.

Warum Projektion? Diese Erwachsenen, die jedes Signal ihres Kindes mit Unmengen von Spielzeug oder Leckereien beantworten, die ihrer Bitte sogar noch zuvorkommen und ihnen damit gar keine Chance lassen, ein désir zu entwickeln, haben in ihrem eigenen Leben wahrscheinlich kaum Gelegenheit gehabt, dieses Gefühl, das eine Sehnsucht nach etwas Erstrebenswertem ausmacht – nach einer Tätigkeit, einem Traum, einer Kunstausübung, nach Liebe, nach Kommunikation –, richtig in sich wahrzunehmen und zu kultivieren. Sie denken, das Weinen eines Babys bedeutet immer Hunger oder das Betteln eines Kleinkinds Besitzstreben. Sie denken es nicht eigentlich, sie empfinden es so. Und sie projizieren die eigene Empfindung in das Kind, das bei ständiger Wiederholung dieses Vorgangs später genauso handeln wird, wenn es um andere geht.

Die bewußten Erwartungen

Vergessen wir nicht, daß es auch durchaus bewußte Erwartungen der Eltern an ihre Kinder gibt. Hier haben die Erwachsenen die Chance, sich zu korrigieren. Wie gesagt, sie werden keine Mühe haben, sich von braunen Augen bezaubern zu lassen, wenn sie sich ganz bewußt blaue gewünscht haben. Sie schaffen es vielleicht auch noch, sich überzeugen zu lassen, daß das Kind nicht Arzt werden möchte, wie es der Vater selber gern gewesen wäre, sondern Ingenieur.

Mehr Mühe haben sie, wenn es um Leistungserwartungen geht. Da gibt es viele Anlässe zu Mißverständnissen. Einmal ist da der Druck, den sie auf das Kind ausüben, vielleicht ohne es selber zu merken. Sie denken nicht daran, daß ihr Kind nichts lieber möchte, als ihnen zu gefallen und ihren Erwartungen so vollkommen wie möglich zu entsprechen. Dieser starke Wunsch des Kindes weckt jedoch auch Ängste in ihm, es könnte versagen. Die Angst lähmt das Kind. Seine Freude an der Arbeit geht ihm verloren, es glaubt nicht mehr an seine Fähigkeiten.

Ein anderes Muster: Die Eltern haben ein begabtes Kind, dessen Leistungen ihnen viel Freude machen. Sie betonen dies häufig. Das Kind freut sich über das Lob. Es weiß aber, daß es nicht immer und überall so gut sein kann. Wie werden die Eltern reagieren, wenn das eintritt? Es fragt sich, was ist ihnen eigentlich wichtiger: »Ich oder meine Schulleistung?« So hören manche Kinder plötzlich auf, sich in der Schule anzustrengen. Sehr zur Überraschung ihrer Väter und Mütter.

Das Verhalten der Schulkinder möchte etwas ausdrücken, das die Eltern zunächst mißverstehen. Denn sie denken, Franziska ist faul oder von Vergnügungen abgelenkt. In Wahrheit sagt sie ihnen vielleicht: »Ich möchte endlich mal wissen, ob ihr mich eigentlich liebt. Oder mögt ihr mich nur, wenn ich gute Zensuren habe?« Welches Mittel ist besser, das herauszufinden, als Arbeits- und Leistungsverweigerung? Vielleicht gelingt es den Eltern, die Botschaft zu verstehen und ihrem Kind die Antwort zu geben, die es braucht: »Du bist uns wichtiger als alles andere. Unsere Liebe ist an keine Bedingungen geknüpft. Wir freuen uns jedoch auch mit dir, wenn dir das Lernen Spaß macht.« Wetten, daß Franziska oder Stephen wie durch ein Wunder aus ihrer Faulheit erwachen? Natürlich können Schulschwierigkeiten alle möglichen anderen Gründe als die hier geschilderten haben.

Eltern werden um so leichter über dieses Mißverständnis wegkommen, je mehr Unterstützung ihnen die entsprechenden Lehrer dabei anbieten und mit ihnen zu klären versuchen, warum das Kind plötzlich nicht mehr »mitmacht«.

Was nicht heißt, daß ein Kind immer Lust zur Schule haben und etwa gar immer konzentriert sein muß. Das Gegenteil sei eher der Fall, meint der Kinderpsychiater Elmar Müller. Konzentrationsschwierigkeiten sind kein Grund zur Sorge. Die wäre im Gegenteil angebracht, wenn das Kind unbedingt ständig über seinen Aufgaben hocken wolle.

10 Mißverständnisse können nützlich sein

Mißverständnisse gibt es überall, wo Menschen zusammenkommen, zwischen Liebespaaren, Geschwistern, Freunden, Eheleuten, Fremden, Kollegen oder Politikern. Natürlich bilden Eltern und Kinder keine Ausnahme. Ohne Mißverständnisse geht es nicht. Wir sollten sie übrigens nicht a priori als negativ betrachten. Manchmal können sie durchaus eine positive Wirkung haben. Der Weg zu einem wirklich guten, tieferen Verständnis führt oft über anfängliche Schwierigkeiten. Für beide Seiten, aber besonders für das Kind, das ja noch lernen muß, seine Botschaften nachdrücklich und genau »an den Mann zu bringen«, können Mißverständnisse geradezu ein Ansporn sein, nach einer besseren, nuancierteren Ausdrucksform zu suchen. Voraussetzung ist, daß die Eltern, insbesondere die Mutter, die ja die meiste Zeit mit einem Kleinkind verbringt, aber auch all die anderen an seiner Pflege beteiligten Menschen, wie vielleicht Tagesmutter, Kinderpflegerin, Krankenschwester oder Kindergärtnerin, die Kommunikationsbemühungen des Kindes überhaupt wahrnehmen und es dabei unterstützen.

Das gilt schon für das wenige Wochen alte Baby, das außer Schreien, Lächeln, seiner Mimik und Körpersprache noch keine präzisen Kommunikationsmöglichkeiten hat. Das Münchner Forscherehepaar Hanuš und Mechthild Papoušek hat in vielen langfristigen Beobachtungen nachgewiesen (was aufmerksame Mütter intuitiv wissen), daß zum Beispiel das Schreien bei einem wenige Tage alten Baby in der Folgezeit von Woche zu Woche nuancierter wird. Schreien ist also nicht gleich Schreien, ebenso wie Lächeln nicht gleich Lächeln ist. Für die ersten Lebenstage ihres Babys haben Eltern, wie schon erwähnt, ein psycho-biologisches Grundprogramm zur Verfügung, das ihnen erlaubt, ihr Kind intuitiv zu verstehen. Später, wenn das Kind unterschiedliche Bedürfnisse und Wünsche mitteilen will, reicht dieses Grundprogramm nicht mehr aus. Nur ein sehr enger und ziemlich kontinuierlicher Kontakt mit dem Baby, die Bereitschaft, es zu beobachten und seine Botschaften zu erfassen, helfen der Mutter dann, die so verschiedenartigen Appelle richtig zu interpretieren. Darum haben es Mütter, die schon in den ersten Lebensmonaten ihres Kindes täglich viele Stunden abwesend sind, schwerer, mit Weinen und Schreien angemessen umzugehen.

Die Münchner Forscher erklären, es sei wichtig, die individuellen Eigenheiten eines Kindes und den jeweiligen Kontext gut zu kennen. Es zeigte sich in den Untersuchungen der Papoušeks auch, daß Kinder, deren Schreien von den Eltern oder Bezugspersonen prompt und feinfühlig beantwortet wurde, sich später positiver in ihrer Ausdrucksfähigkeit entwickelten. Babys dagegen, die schon früh die Erfahrung machen, daß sie lange und laut schreien müssen, damit die Eltern sich überhaupt zu einer Reaktion herbeilassen, lernen später nur mühsam feinere, abgestuftere Formen der Kommunikation.[40]

Die Babys, für die Schreien ein Kommunikationsmittel ist, mögen hier nur als Beispiel dienen. Der Prozeß, über anfängliche Verständnis- und Verständigungsschwierigkeiten zu verfeinerten Ausdrucksmöglichkeiten zu gelangen, läuft bei Kindern aller Altersstufen nach dem gleichen Prinzip ab. Immer ist es wichtig, daß der jeweilige Partner in der Kommunikation aufmerksam und bereit ist.

In einem solchen fruchtbaren Austausch gemeinsamer Bemühungen kann ein Mißverständnis dem Kind auch helfen, gewisse Zusammenhänge besser zu verstehen. Es hat also ein positives Element, das die Entwicklung fördert. Voraussetzung jedoch ist, wie das Beispiel der Babys zeigt und wie es später noch augenfälliger wird, daß die Kommunikation nicht in einer Art Lähmung steckenbleibt. Bei der Mutter mit dem kleinen Mädchen in der Karre war eine solche Lähmung eingetreten.

Es ist also wirklich Sache der Eltern und der Erwachsenen überhaupt, dem Kind feinfühlig und bereitwillig zu helfen, seine Fragen oder Bitten verständlich zu formulieren. Viele Mütter »spüren« eine Frage ihres Kindes sogar schon, wenn sie gleichsam noch im Entstehen ist.

Aus »Miß«- kann ein »Besser«-Verstehen werden

Wie auch ein wirklich quälendes Miß- und Unverständnis mit beiderseitigen Bemühungen schließlich nicht nur aufgelöst werden kann, sondern das Kind in seiner Ausdrucksmöglichkeit und seiner Findigkeit regelrecht fördert, mag folgendes Beispiel zeigen. Ich habe es selber mit meiner älteren Tochter erlebt.

Als Baby und Kleinkind hatte sie schwere motorische Probleme, die auch die Beweglichkeit und die Beherrschung der gesamten Mundregion beeinträchtigten. Ihre Sprache war darum auf Vokale und wenige Konsonanten beschränkt – in einem Alter, wo andere Kinder schon mühelos Worte artikulieren können. Zu unser beider Glück war trotz dieser Schwierigkeiten ihr Gebrauch der Grammatik durchaus ihrem Alter angemessen. So konnte ich oft »kombinieren«, was sie meinte, auch wenn ich ein Wort oder mehrere Worte nicht verstand. Manchmal jedoch half auch das nicht weiter.

Eines Morgens, auf dem Weg zum Kindergarten, wollte sie mir etwas mitteilen, was offenbar für sie eine große Bedeutung hatte. Sie saß hinter mir im Auto. Ich wiederholte, wie ich es mir angewöhnt hatte, fragend, was ich glaubte verstanden zu haben. Ich vermutete schon, daß ich kilometerweit danebenlag. Ihre enttäuschte Reaktion bewies es mir. Als auch erneute, leicht abgewandelte Wiederholungen keinen Erfolg hatten und ich sie einfach immer weiter nicht oder mißverstand, begann sie zu weinen. Ich fühlte, die Situation war für das intelligente Kind nicht nur frustrierend, sondern in gewisser Weise auch demütigend. Wie auch immer, ein zum Verständnis wichtiges Element in ihrem Satz ließ sich nicht identifizieren. Ich versuchte nun, sie auf andere Gedanken zu bringen, obwohl ich selber Mühe hatte, meine Tränen zu verbergen.

Nach einer ganzen Weile – ich glaubte schon, sie hätte ihr Anliegen inzwischen vergessen – begann sie erneut. Während wir an einer Ampel hielten, zeigte sie plötzlich aufgeregt auf etwas, was sie draußen sah. Ich begriff, daß sie nach einem Hinweis, einem Vergleich gesucht und ihn nun gefunden hatte, der mich auf die Fährte zu dem nicht verstandenen Wort bringen sollte. Auf einmal hatte ich es, das Zauberwort, das fehlende Glied in der Kette des Verständnisses. Ich nannte es: Also das war es, was du vorhin sagen wolltest? Sie war außer sich vor Freude (ich auch), daß ich sie endlich verstanden hatte. Wir waren beide wie von einer Last befreit.

Die Hauptarbeit zur Aufklärung des Mißverständnisses hatte meine Tochter getan. Indem sie nicht aufgab, nach neuen, anderen Ausdrucksmöglichkeiten zu suchen – in der Sprache zunächst, was fehlschlug, dann in einem sichtbaren Beispiel, einer Analogie sozusagen, die mir verstehen half. Nach diesem Ereignis, das uns beide ziemlich beeindruckt hatte, entwickelte und verfeinerte sie ihre Möglichkeiten, mit Gesten und gezeigten Beispielen die Lücken ihrer sprachlichen Ausdrucksmöglichkeiten aufzufüllen. Mit ihrer Findigkeit und Phantasie gelangte sie darin zu einer erstaunlichen Perfektion. Was ich dazu beigetragen hatte, war vor allem, sie zu ermutigen. Ich hatte ihr meine ganze Bereitwilligkeit und mein ernstes Interesse gezeigt. Ich wollte das Problem mit ihr lösen. So war sie motiviert genug, nicht zu resignieren.

Nicht nur das Ergebnis – auch der Prozeß des Verstehens ist wichtig

Wie dem kleinen Mädchen mit den Sprechschwierigkeiten geht es auch anderen Kindern in anderen Situationen: Ein anfängliches Mißverständnis eröffnet ihnen neue Ausdrucksmöglichkeiten und vielleicht sogar neue Einsichten. Auf das Zusammenspiel, die fein aufeinander abgestimmte »Choreographie« zwischen Eltern und Kindern kommt es an. Dann kann aus dem »Miß«- ein »Besser«-Verstehen werden.

Nicht immer ist es das Kind, das Probleme hat, sich verständlich zu machen. Auch Eltern fragen, sagen und erklären Dinge, von deren Mißverständlichkeit sie keine Ahnung haben.

Nehmen wir Daniels Mutter: Als sie zum zweiten Mal schwanger wurde, erklärte sie ihrem siebenjährigen Sohn, sie hätte ein winziges Korn im Bauch, das zu einem Brüderchen oder Schwesterchen heranwachsen würde. Daniel begann in den folgenden Wochen alle möglichen

Gegenstände auseinanderzunehmen: einen Wecker, eine Spieluhr, ein Radio. Er öffnete die Gehäuse, um im »Bauch« dieser Geräte nachzusehen, ob da vielleicht auch ein Korn zu irgend etwas heranreifte. Die Eltern waren so klug, die Frage, die seine symbolische Suche ausdrückte, zu verstehen. Sie gaben ihm nun eine befriedigende Auskunft über die Schwangerschaft der Mutter.[41]

Das Mißverständnis hatte zu einem besseren, reiferen Dialog zwischen Eltern und Kind geführt. Es hatte die albernen Verschleierungen überwinden geholfen, die Eltern oft benutzen, wenn es um Fragen der Sexualität geht. Dem Kind dagegen hatte es geholfen, für seine noch nicht klar geformte Frage (es wußte vielleicht gar nicht, was es »herauskriegen« wollte) eine symbolische Ausdrucksweise zu finden. Diese hat den Eltern wiederum gezeigt, daß seine Frage nichts Peinliches hatte.

Und sogar: Auch wenn am Ende nicht immer das »richtige« Verständnis erreicht wird, ist doch der Prozeß des beiderseitigen Bemühens wertvoll für das Kind. Er trägt dazu bei, daß es sich seiner Fragen bewußter wird, daß es genauer denkt und besser versteht und vor allem an all seinen Ausdrucksmöglichkeiten arbeitet. Das bedeutet auch, daß das Kind bei einem anderen, neu auftauchenden Verständigungsproblem nicht so leicht resignieren wird wie vielleicht anfangs. Die Erwachsenen sollten darum nicht zu schnell die Flinte ins Korn werfen, wenn der Verständigungsprozeß nicht so glatt abläuft, wie sie es sich wünschen. Ein Mißverständnis trägt in sich die Motivation zu einer besseren Kommunikation.

Nicht immer zählt das erreichte Verständnis auf der einen oder anderen Seite: Es geht vor allem darum, ein Einverständnis, eine Art gemeinsame Sicht der Dinge zu erreichen. Es macht die Reife eines Menschen aus, zu wissen, daß man den anderen nie vollkommen verstehen kann und auch selber ebensowenig vollkommen verstanden wird. Ein Rest bleibt auch bei der besten Kommunikation. Es ist unsere eigene individuelle Lebensgeschichte und Entwicklung, die bewirkt, daß die Botschaften des »anderen« ganz bestimmte Gedanken, Erinnerungen, Assoziationen in uns anklingen lassen oder daß sie auf gar keinen Widerhall treffen. Darum ist es so wichtig, daß wir uns – auch Eltern und Kinder – auf halbem Wege treffen, wenn nicht in einem vollkommenen Verständnis, dann doch im gemeinsamen Einverständnis. Man könnte auch sagen Sympathie.

Dank

allen, die mit ihren persönlichen Erinnerungen und Berichten dazu beigetragen haben, daß dieses Buch entstehen konnte. Dank auch an Inge Flehmig, Gérard Guillerault, Yves Breuil und Jean-Pierre Lecanuet für die mitgeteilten und geteilten Erfahrungen und Beobachtungen.

Katharina Zimmer

Anmerkungen

1 Jacques Salomé: »Papa, Maman, écoutez-moi vraiment«, Albin Michel, Paris 1989, S. 99.

2 Ich meine hier nicht das oben erwähnte ständige Abgewandtsein der Eltern, die Leere in der Beziehung, sondern einen momentanen, vorübergehenden Zustand, wie wir alle ihn vielleicht mehrmals am Tag erleben.

3 Jacques Salomé: a. a. O., S. 66.

4 Siehe auch Melanie Klein: »Envie et Gratitude« (enthält unter anderem: »Envy and Gratitude – A study of unconscious sources«, erstmals erschienen 1957), Gallimard, Paris 1968, S. 1–93, insbesondere die Seiten 16, 17 u. 22.

5 Der amerikanische Kinderarzt Berry Brazelton hat das wiederholt in seinen Büchern geschildert. Zum Beispiel in: »Infants and Mothers – Differences in Development«, New York 1983.

6 Siehe auch Katharina Zimmer: »Das wichtigste Jahr«, München 1991[3], S. 33–41.

7 Autor eines Buchs über die seelische Entwicklung des Babys und Kleinkinds. Gérard Guillerault: »Le corps psychique – Essai sur l'image du corps selon Françoise Dolto«, Editions Universitaires, Paris 1989.

8 Genau das habe ich in dem dreibändigen Atlas über die seelische und körperliche Entwicklung des Kindes darzustellen versucht: »Das Leben vor dem Leben« (4. Auflage 1992), »Das wichtigste Jahr« (3. Auflage 1991) und »Schritte ins Leben« (2. Auflage 1992).

9 Der kurze, feste Druck wirkt auf die Tiefensensibilität, auch Propriozeption (Eigenwahrnehmung) genannt. Die Entwicklungs-

neurologin Inge Flehmig, Leiterin des Instituts für Kindesentwicklung in Hamburg, beobachtete eine Reihe solcher Phänomene im Rahmen ihrer Untersuchungen zum Thema »Sensorische Integration«. Dies ist das Zusammenspiel aller Sinnessysteme bei jedem Lernvorgang. Nur, wenn man Lernen so begreift, vermeide man Mißverständnisse in diesem Zusammenhang, meint die Kinderärztin.

10 Robert Lickliter: »Premature visual stimulation accelerates intersensory functioning in bobwhite quail neonates«, in: Developmental Psychobiology 1990/23, S. 15–27. Vom selben Autor: »Premature visual experience facilitates visual responsiveness in bobwhite quail neonates«, in: Infant Behavior and Development 1990/13, S. 487–496.

11 Karin und Klaus Großmann sind Diplompsychologen am Psychologischen Institut der Universität Regensburg.

12 Klaus Großmann in: »Bindungen und Besitzdenken beim Kleinkind«, hrsg. von Christian Eggers, München–Wien–Baltimore 1984, S. 125.

13 Klaus Großmann: a. a. O., S. 124.

14 Ders.: a. a. O., S. 124/125 u. 128.

15 Poster für den 37. Kongreß der Deutschen Gesellschaft für Psychologie 23.–27. Sept. 1990 in Kiel. Beate Schildbach, Inge Loher, Cordelia Volland, Elvira Köglmeier, Beate Lacler, Stephan Winkler, Rosa Gmeiner. Universität Regensburg.

16 Siehe auch Katharina Zimmer: »Schritte ins Leben«, die Seiten über die zahlreichen »Abnabelungs«-Prozesse in dem Kapitel über die seelische Entwicklung.

17 Mechthild Papoušek: »Frühe Phasen der Eltern-Kind-Beziehungen. Ergebnisse der entwicklungspsychobiologischen Forschung«, in: Praxis der Psychotherapie und Psychosomatik 1989/34, S. 109–122.

18 Siehe dazu Franz Hohler: »Der Rand von Ostermundigen. Geschichten«, München 1994.

19 Klaus Großmann: a. a. O., S. 133.

20 Zitiert in Paul Ekman: »Pourquoi les enfants mentent – Comment les parents peuvent-ils encourager à dire la vérité?«, Paris 1991, S. 114–118. Dt. Ausgabe: »Warum Kinder lügen«, Hamburg 1990.

21 Bruno Bettelheim: »Ein Leben für Kinder. Erziehung in unserer Zeit«, Stuttgart 1990[9], S. 107–108.

22 Beispiele aus persönlichen Gesprächen der Autorin mit dem Schriftsteller.

23 Jerome Bruner: »Acts of Meaning«, Cambridge/Mass. 1990, S. 70/71 u. 86/87.

24 Bruno Bettelheim: a. a. O., S. 110.

25 Ders.: a. a. O., S. 112.

26 Jerome Kagan: »The Nature of the Child«, New York 1984, S. 107/108.

27 Katharina Zimmer: »Schritte ins Leben – Die seelische und körperliche Entwicklung von Kleinkindern«, München 1992[2], S. 39–58. Eine solche unharmonische Entwicklung kann viele Ursachen haben. Die materielle und soziale Familiensituation mag gerade in dieser Lebensphase des Kindes ungünstig gewesen sein. Auch seelische Probleme der Eltern, gleichgültig, ob in der Vergangenheit oder der Gegenwart begründet, erlauben ihnen vielleicht nicht, die notwendige aufmerksame Offenheit für ihr Kind aufzubringen. Ich erwähne diese Möglichkeiten nur, um zu klären, daß es hier niemals um Schuldzuweisungen geht.

28 Beispiel nach Jerome Kagan: »The Second Year – The Emergency of Self-Awareness«, Cambridge/Mass. 1981, S. 128.

29 Ders.: a. a. O., S. 128.

30 Dorothy Bloch: »So the Witch Won't Eat Me – Fantasy and the Child's Fear of Infanticide«, New York 1978, S. 4.

31 Aus einem Gespräch mit dem Schweizer Kinderpsychiater Bertrand Cramer.

32 Michel Leiris: »Biffures«, Paris 1975, S. 13.

33 Victor Courtecuisse: »L'Adolescence. Les années métamorphose«, Paris 1992, S. 110.

34 Gunter Schmidt und Kurt Starke: »Studie der Abteilung für Sexualforschung der Universität Hamburg-Eppendorf«, Hamburg/Leipzig 1992.

35 Klaus Großmann: a. a. O., S. 127/128.

36 Siehe auch Jerome Bruner: »Nature and uses of immaturity«, in: American Psychologist 1972/27, S. 687–708.

37 Siehe auch Katharina Zimmer: »Schritte ins Leben«, darin das Kapitel über die seelische Entwicklung.

38 Bertrand Cramer: »Frühe Erwartungen. Unsichtbare Bindungen zwischen Mutter und Kind«, München 1991, S. 22.

39 Ders.: a. a. O., S. 37.

40 Siehe auch Katharina Zimmer: »Das wichtigste Jahr«, S. 80/81.

41 Nach einem Beispiel in Jacques Salomé: »Papa, Maman, écoutez-moi vraiment«, S. 60.

Literaturempfehlungen

Brazelton, Berry T./Cramer, Bertrand: Die frühe Bindung. Die erste Beziehung zwischen dem Baby und seinen Eltern. Stuttgart 1991

Cramer, Bertrand: Frühe Erwartungen. Unsichtbare Bindungen zwischen Mutter und Kind. München 1991

Kohnstamm, Rita: Praktische Kinderpsychologie. Die ersten 7 Jahre. Eine Einführung für Eltern, Erzieher, Lehrer. Bern, 3. Auflage 1990

Sanger, Sirgay: Schau, ich will dir was sagen! Die wortlose Sprache der Babys. München 1992

Watzlawick, Paul/Beavin, John H./Jackson, D. D.: Menschliche Kommunikation. Formen, Störungen, Paradoxien. Bern, 8. Auflage 1990

Zimmer, Katharina: Das Leben vor dem Leben. Die seelische und körperliche Entwicklung im Mutterleib. München, 4. Auflage 1992

Zimmer, Katharina: Das wichtigste Jahr. Die körperliche und seelische Entwicklung im ersten Lebensjahr. München, 3. Auflage 1991

Zimmer, Katharina: Schritte ins Leben. Die seelische und körperliche Entwicklung von Kleinkindern. München, 2. Auflage 1992

Register

KINDER UND ELTERN

16144

16159

16136

Mosaik bei GOLDMANN

KRAFTQUELLEN ENTDECKEN

16101

16119

10888

16115

Mosaik bei GOLDMANN

PSYCHOLOGIE/ SEXUALITÄT/LEBENSHILFE

16108

11297

13847

Mosaik bei GOLDMANN

JOHN GRAY

16107

»Männer sind vom Mars. Frauen von der Venus.« – der erfahrene Paartherapeut liefert eine brillante Zustandsbeschreibung des Beziehungsdschungels und gesteht Männern und Frauen ihre Andersartigkeit zu. Anschauliche Fallbeispiele und erprobte Lösungsmodelle zeigen, wie sich aggressiver Geschlechterkampf zu einer kreativen Partnerschaft wandeln kann.

Der Kontakt zum anderen Geschlecht ist gespickt mit Mißverständnissen, Fehlwahrnehmungen und falschen Schlußfolgerungen. Was machen Männer und Frauen jeweils anders, und wie können sie aufeinander zugehen? Bestsellerautor John Gray ermutigt zu neuen Formen einer offenen und verständnisvollen Kommunikation, die die Verschiedenheiten der männlichen und weiblichen Perspektive berücksichtigen.

16134

Mosaik bei GOLDMANN